KB265502

산의 숨결 그 너머에

고상영

1954년 전북 익산 출생

2009년 『윌더니스』 시 부분 등단

윌더니스 회원

약사

산의 숨결 그 너머에

발행일 • 2012년 12월 20일

지은이 • 고상영

발행인 • 이성모/발행처 • 도서출판 동인/등록 • 제1-1599호

주소 • 서울시 종로구 명륜동2가 아남주상복합아파트 118호

TEL • (02) 765-7145, 55/FAX • (02) 765-7165

E-mail • dongin60@chol.com/Homepage • donginbook.co.kr

ISBN   978-89-5506-521-3

정가   10,000원

※잘못 만들어진 책은 교환해드립니다.

• 월더니스 시선집 104

산의 숨결
그 너머에

고 상 영 시 집

도서출판 동인

차례

1부

산의 연가

악휘봉

산을 잇는 고개
산길은 어느새 장성봉을 지나고
커다란 돌 거인 장승이 맞이한다

암봉은 구름 위에 솟아
고개만 내밀고 구름에 앉으니
가슴에 와닿는 바람 싱그럽다

구름 위 바위 찻집
봉우리 이 얼굴 저 얼굴 눈 마주치며
느긋한 차 한잔 감미롭다

산은 아래 보는 걸 잊고
산 속의 구름 하늘 바람과 노닐다
가라며 신선이 되기를 청한다

흐르는 냇물에 발을 담그니
혈액도 전신에 흐르고 흐르니
자연도 사람도 흐른다

삼도봉

비구름이 하늘을 차지하니
삼도봉 가는 길
사방을 볼 수가 없어
걸으면서 그리움을 쫓아간다
등짐 속에 든 것이 뭐시다요
산에서 횡재한 것인디 볼랑가
쬐께 더 가면 봉우린디 거기서 보세
아니 우리 장터 한가운데 있는 것이 뭐시다요
지랄허게 콩게 징허네
이 동리 저 동리 그 동리 만난다고 맹글었대요
흥을 돋는 세월은 어디로 팔아먹고
삼도 화합 허라고 돌멩이 갖다 놓으면 된당가요
운무가 몰려와 뒤덮는다
맨맛허게 볼거라면 돌아가란다
물한리 긴 계곡 길
물 흐르듯 졸졸졸
속도가 붙은 발걸음

무룡산

땅 위에 있는 나무 계단이 흉터를
감싸고 보호해주니 새 살이
돋아나고 있네요
여린 나뭇 가지들이 틈새로 손을 내밀어
바지가랑이를 잡으며
쓰다듬어 달래요
대견스럽게 흔드네요
그러니 옆집 야생화도
맑은 웃음 보이며
초원의 친구들이랑
즐겁게 놀다 가라네요

산이 제 몸의 아픈 상처를
오랜 시간만에 이겨내니
못견디겠는가 봐요
풀잎들에게 춤을 추어라
나뭇잎에게 소리하라
정겹네요

산이 진정으로 사랑하니
우리들도 진지하게 사랑하니

덕유산 향적봉

숨을 몰아쉬며 다가서자
향적봉이 숨통을 열어놓고
힘차고 웅장한 남덕유 능선
그 너머 지리산 영봉을 아련하게 보여주며
가야산 대덕산도 선명하게 그리니
사람들은 저마다 환한 얼굴
원추리 철쭉 야생화 이름도 몰라라
은은한 향기가 쌓이는 덕유 평전
이슬비 촉촉하게 내려 살찌우네
군락을 이룬 주목은 잣나무 구상나무
키작은 관목들과 어울리며
숲길 열어놓고 산속 가족들 얼굴 내미니
고사목도 멋지다
앙상한 가슴 내밀며
너그러운 세상에 들라 하네

수리산

몸이 아프다
턱밑까지 밀고 들어온 아파트가
기도를 좁혀 오고 있어
숨통이
막혀 갑니다
꼭대기에 서서
인공 산소 호흡기 호스를 꽂으니
겨우 눈을 뜨고 숨을 돌립니다
골 골 골 아파트 줄기
바람 길이 없어지니
데워진 공기랑 지붕 위로 올라
산 위에서도 가래를 밀어내려
콜록 콜록
답답한 가슴 열어준
수리산
그 홀로 정성을 다하고 있어
그나마 숨을 쉴 것 같습니다

연석산 형제들

연석산은 운장산을
운장산은 구봉산을
옆에서
삼형제가 나란히다

외톨이 구봉산
동봉 서봉을 거느린 운장산
칠월 볕으로 하루에 찾아갈 수 없어
멀리서 눈짓만 하고 헤어졌네

쌍봉 연석산은
숲길로 하늘을 가리고
산죽밭길로 옆구리 찌르고
야생화길 열더니
아늑한 마을 산중 호수
갓바위에 올라 서 보라네

산은 부른다
머리를 내밀며
함께 부른다

산길에 하얀 별꽃 뿌리며
산은 부른다

아차산성

고구려였다
강물은 흐르며 말하고 있다
그래, 고구려였다
강물은 흐르며 말하고 있다

밤꽃지고 칡꽃피는 산
지금도 한강이 발밑을 지나가며
아차산성의 애기를 전한다
말 없는 산을 향하여

나무를 흔들며 잡아당기는
바람은 일전의 폭풍인지
그 날의 머언 먼 전설을 불러
내 앞에서 수긍하라 내 몸을 흔드네

나는 할 말이 없다, 무지함 땜에
바람이 말하는 소리를 겸허히 들으며
그 때의 동북풍은 알고 있었으리라
고구려의 북방정책을

호암산

가까이서
언제 어느 때
아무렇게나 오라네
고샅을 돌아 다니 듯
맨 처음
산을 배울 때
불완전을
깨달으며
겸손을
익히게 하던
작은 산

사이좋게 지내는 가족들과
함께 사진을 찍자며 오라네
봉사료는 없으니 잘 찍어 달라며
얼굴을 내미네

청계산

2월 말 청계산
따사로운 길에 앉아
따근한 커피를 마시면서
잔설을 안고 있는 산자락을 본다
어느 회사 새내기들인가
머리에서 김이 모락모락 피어난다
산을 달려 왔을까
새로운 것은 좋은 것이니까
이수봉에서 막걸리 한 잔 들고
힘찬 구호를 외치고
새 마음으로 새 출발
다짐하고 다짐하리라
그 다짐이 지속되려면
산으로 달려오는 것이 아니라
산으로 들어가는 걸
깨달아야
산에서 들으리라

태백산

23

하얗게 눈모자를 눌러 쓴 산
눈 밟는 소리와 함께
하루 종일 뽀드득 뽀드득

고목나무 군락지엔
사람꽃이 대신 피고
시끌시끌한 소리들

먼 산들도
센 머리를 하고
겨울 햇빛을 반사하고 있다

희운각

새벽 오색을 떠나
아침 햇살이 모이는 나무의자에
도시락 펼쳐놓고
공룡능선을 어림 짐작해보다
가 보는 것이 오늘의 최대 일과
어수선함을 잠재우고 도전의 길로 가 보잔다
가야동 계곡의 최상류인 희운각
보충할 것은 모두 채우고
오고가는 사람들에게 떠밀려
짧은 휴식 아쉬워한다

공룡능선

대청봉에서 등줄기를 보여줄 때
입을 떡벌어지게 하던 너
설레임으로 더욱 다가서고 싶어
부지런히 무너미 고개에 들어서
마음가짐을 다시 해보기도 한다
신선대 오름부터
말이 많아지고 발은 느려지고
땀은 얼굴에 소금밭을 일구어낸다

위를 올려다보면 가슴이
막혀온다
기괴한 품 속으로 들어가고 있으니
한여름 정오경
거북이 기어가는가
온통 바위길 1279봉 오름길
기고 기어서 겨우겨우 암봉
나무 그늘에 몸 숨기고
빈 물병 물 한 방울 목젓을 적시며
몸도 마음도 너덜너덜
입술 마르고 입은 꼭 다물어 버렸네
이제는, 산소 호흡
썰렁한 얘기 주고 받으니, 그 힘
어느새 나한봉 능선 끝

모악산의 멍에

칠월 한낮
모두들 오수를 즐기는지
나뭇잎마저 흔들림 하나 없는 모악산
무등을 타며 사방을 둘러 보는데
등줄기 땀은 멈출 줄 모르고 흘러내린다
저 산너머 아무개를 찾아
아련한 추억을 꺼내 되새김질 하지만
역시 나뭇잎이 무반응
모악산의 멍에 같은 송신소 철탑
정상 암봉들의 쉴 자리는 한켠으로 밀려나
산은 멍들어 가고 있다
지난 세월을 길에 뿌리며
어둠 내리는 계곡에 발 담그니
홀가분한 몸이 되어 돌아선다

이런 산행은

예정 시간을 지나며 초조해 할수록
준법 투쟁을 하며 기어가는 전철은
코끼리 열차다
들머리 벗어나 들어간 등로는
예봉산을 한참 빗겨가고
올라선 전망 바위는
강 위에 내리는 뿌연 안개만 보여준다
산길에 뿌려지는 어두운 등산 문화를 밟으며 걷다
전면 광고가 실린 산문지를 깔고 앉으려다 보니
그럴듯한 산행 지식을 전하면서
끝말에는 광고를 하고 있다
그래도 햇볕은 김밥과 차 한 잔
마실 여유를 주며
아직도 낙엽이 수북한 산 속의 소리 들으라 한다
산 속에서 보충하는 식사는 준비 없이도
산행처럼 좋다
부드러운 산 속 흙길 벗어나
흙 먼지를 털어 가면서 오른 전철에서
앞 자리엔 연인끼리 단잠의 사연
물끄러미 바라보며 궁금하고
옆 자리엔 동행인의 전화 내용

풍문을 들은 듯 재미있어
산행의 별경을 맛보게 하니
그래도 전철은 강변을 달리고 있다

마차산

느리게 걷습니다
둘이서
흙길 같은 산길

얼어 있는 손
살며시 녹여 줄 연인
그리워 그런지
오르가즘 웃음으로
겨울 숲을 바라봅니다

한라산 정상에서

바람 소리 들린다
한겨울 눈 덮인 백록담

내 가슴에도 바람 소리 들린다
백두산 천지가 보낸 바람

반도를 돌고돌아 찾아갔으나
너의 소식 전하지 못하고 왔었네

눈보라 치는 지금에야
직언하겠네
우리 만남은 곧 올거라고

헤어져 울적하고 우울한 날 잊고
만나는 날
힘찬 바람 소리 울리세

답답하게 걸쳐진 울타리 걷어내고
우주를 향한
우렁찬 바람 소리 울리세

키나바루산

어제 비는 바위 사이로 흐르다
새벽을 알리는 물소리를 내고
달은 미리 깨어나 회색 암반길
비추며 고요한 안내를 한다

사천미터를 오르면서
비구름이 몰고 오는지
어둠 속 냉기가 가슴을 파고 들고
칼바람은 정상 가는 길 막아선다

작은 불빛 하나는, 겨우
정상 표지석을 비추고 안아주는데
추위에 떨지 말라며
내려가길 재촉한다

어느새 떠오른 아침 해는
광장 같은 바위 산에 빛을 내주고
발 아래 구름 바다에는
하얀 날개를 달고 있는 내가 있다

먼 곳에서 온 이방인을
조금 늦은 일출이나마 보여주며
밝고 맑은 마음으로 보내려는
키나바루산

키나바루산을 향하여

산 허리에 구름 들고 나도 들고
높고 깊은 산길 가려고

울창한 고산 초목 바람 소리
고산꽃 수줍은 듯 숨어서 반기고

숨소리 거칠게 고도를 높여가는 산객
느린 걸음으로 고산증 이겨내고

거대한 바위산 키나바루산
고지대 호흡법 몸에 익어가고

초저녁 세찬 빗줄기 절벽 폭포수 되니
산장의 향연
술 향기 입술에 적시고

심신을 다독이는 산
깊은 이 밤을 안아주네

백두산 1

소풍가는 날처럼
하늘을 지켜보다가
산마루에 이르러
바람에 열리는 백두산을 만난다

대서사시를 수없이 써내며
민족의 사랑을 듬뿍 받고 있는
사랑의 발원지
마르지 않고 흘러내린다

어머니 가슴에 안긴 것처럼
두근거리던 심장도 평정을 찾는
영원히 일깨워 줄 사랑 얘기
언제나 누구든지 찾아와 들으라

백두산 2

그리웠습니다

우리 땅을 밟을 수 없어
남의 땅이 되어버린 길로
멀리 돌아와 서에서 북으로
걸어가며 그대가 만든 천상의 화원
보려고
벼르고 벼르다 왔습니다

보고 싶었습니다

웅장한 바람으로
하얀 도포자락 휘날리며
다가오는 당신의 모습
끓어오르는 가슴으로 맞이합니다

기억하겠습니다

당신의 정기를 솟는 햇살에 듬뿍 담아
중원을 달리던 민족의 기상

반도의 머리가 되어 호령하던 그날들
다시금 잊지 않겠습니다

이룰 것입니다

동서남북으로 나뉘어 소용돌이치고 있지만
상처를 모두 깁고 서로를 껴안고 있습니다
모두가 거듭 깨달아 가고 있어
어느날인가 전체를 아우르는 날
올 것입니다

함백산

산 위에서
길을 만나고 산을 만나
산 이야기를 듣는다

하늘에서 내리고
산에서 오르다
수백 년 풍상을 겪은 고목을 피운다

얼마나 힘든
인고의 세월이 지나야
인간은 어떤 나무로 피어날까

갈곶산

대간 산행길
곤한 잠 깨어 들머리에 내리니
생달 저수지도 겨울잠 자다
기지개 켜는 소리를 내고
밭에는 흙 갈아 엎은 냄새
봄을 시샘하는 눈이
늦은 목이 가는 길에 방긋 웃고
갈곶산 능선길로 들어서니
아직, 능선 허리 흰 눈은
마른 가지에 봄나물 높이 매달고
지나가는 이의 눈길을 끈다
마구령엔 산 아래 마을 숨결이 올라와
나그네 숨결을 기다리며
마을을 굽어보란다
미내치를 가벼이 지난
고치령은 산신각이 지키고
깊은 계곡길이 세상 구경하러 간다

지리산 품에 들면서

첫 만남은
가벼운 설레임
산이 잠들어 별빛은 멀리 있다

노고단 구름 바다에 빠져들며
노루목 새벽은 차 한 잔 마시라 하네
연하천 샘물은 아침 식사를 들라 하네

반야봉 저녁 노을 품 속에 들 수 없고
벽소령 달빛 받을 수 없으며
세석 평전 철쭉 꽃길도 볼 수 없어라

장터목 너른 장터
옛 소리 묻히고 산객의 지친 숨소리
천왕봉을 향한 쉼터이어라

언제 어느 때든 찾아오라
저 홀로
반도를 받들고 가부좌를 틀고 있으면서

마니산

바다 냄새에 발이 묶여
잠시 한눈 팔다
봄꽃이 화사하게 맞이하는
산길로 접어든다
마른가지들 사이로
갯벌과 마을이 넉넉하게 자리하고
그 끝자리엔 바다가 펼쳐진다
역사를 말해주는 산증인들이 흙이 되어
바뀌어 버린 날들을 토담처럼 쌓아놓고
자기를 밟고 가라한다
구름낀 하늘에서
빗방울이 떨어져 봄꽃을 떨게 하니
따끈한 것들이 생각나는
마니산 봄꽃 산행

모악산

소걸음으로 산을 한 바퀴 돌고
물소리 들으며 내려오다
바위 옆 계곡물에 몸을 담근다

엎드려 등물질을 하느라니
샘물을 끼얹던 날들이 손끝에 전해지며
따뜻한 저녁 향기 숲 속에 가득하다

사람의 체온이 하나 둘 다가오는데
먼 것인양 저 만큼 떨어져 살으려니
깨우려는 바람소리가 들린다

사랑해 보라
더 가까이 다가가
사랑해 보라

산을 가시려거든

산을 다녀 본 사람만이 안다
가벼운 길
신록의 숲 깊어 갈수록
깊이 숨을 쉬고
질곡의 세월을 연기처럼 사라지도록

산을 다녀 본 사람만이 안다
바람길
에움길 지루하고 힘들다 싶은데
어느새 자리 잡아 숨을 돌리고
산 속의 시간들 오래오래 지속되도록

산을 다녀 본 사람만이 안다
사람 다스리는 산길
자기를 버리고 스스로 겸손해지면
몸과 마음이 가벼워지고
산과 인간이 하나 되어 가도록

산에 가고 싶다

산에 가고 싶다

하루 한나절 내리다
탁 트인 개인 오후
맨 먼저
산에 가고 싶다

산봉은
방금 샤워를 끝내고 마주 선 여인의
볼록 솟은 젖가슴처럼
투명하게 다가오니
금빛 햇살이
나뭇잎 여백으로 내린 자리에서
열린 창공을 보고 싶다
나무가 통째로 내어준 잎 하나
길 위에 깔아놓고
반기듯 달려드는 벌레도 만나고 싶다

산에 가고 싶다

삼각산 삼천사로 가려다

나뭇잎 밑으로 숨어든다
가파른 오르막 옆길
짜증난 목소리도 지나고
한껏 고무되어 커진 소음도 지난다

오늘은 게으름을 피워봅니다
독박골암문 뒷산에서
배낭이 가벼워지니 쉴 자리 찾아
발걸음도 가벼워 집니다

땀 흘린 후의 밥,
막걸리로 느슨하게 풀어진 몸
상수리 떨어지는 소리를 자장가 삼아
세상 일 잊고 산중 오수를 즐깁니다

산에 육신이 한몸이 되면
산이 생명들에게 주는 숨결이
코 밑으로 다가와 머릿속에 기어들고
가만 그대로 산과 함께 있으라 합니다

정봉 가는 길

좋았어라, 이 산길
먼 길 돌아
들어선 낯선 숲길
고행처럼 걷지 말고
가만가만 걷다
쉬엄쉬엄 가 보란다
갈래갈래 샛길에 새겨진 삶의 길
힘든대로 즐거운대로 가다보면
숲 속 우뚝 솟은 바위
확 트인 천지에 들게하고
산봉과 산봉 사이 숲 속의 숨은 벽
눈 마주치니 그 눈빛은
산 아래 속된 마음
비우란다
하늘에 떠 있는 구름
묵언의 하늘 나그네
홀로가는 세상 자기처럼 가라네
계곡 바위 둘러앉아 속살 투명한 물에 드니
산내음 속옷까지 젖어들고
숨어서 보던 산목련 하얗게 웃어주네
하늘재 바람마저 시샘나는지

껴안아 주며 소중한 인연
고마운 인연 나누자하네

팔봉 능선에서

정오를 지난 산 속은
연초록 잎새들이 살짝 하늘을 가리고
햇볕을 절반만 내주며
피톤치드 은은하다
선이 뚜렷한 팔봉으로
발걸음을 재촉하면서
능선 길에서 뒤돌아 보니
푸르러가는 산보다
저 먼 곳, 바다가 보인다
오늘처럼
항상 숨길을 확 트고 살면
오죽 좋겠습니까?
미련을 버리지 못하고
오르다 뒤돌아보고
오르다 뒤돌아 봅니다
세상은 이처럼
서로서로 숨통을 이어가
시원시원한 우주로 가겠지요

진달래 능선

파헤쳐진 곳마다 울퉁불퉁 땜질해
흉물스런 시멘트 길로
까마득하게 잊혀져가는 무덤을
둘러보며 능선길로 들어섭니다
산 아래 일을 잊어버리고
건성으로 스치는 인연도
진정으로 그윽하게 바라보며
산 향기에 취해 갑니다
산이 앞 가슴을 열고 시선을 끌면
잠시 쉬어가다
꽁지를 틀어 뒷 맵시로 나불거리면
포근한 자리를 잡고 앉습니다
세상 재미없는 일도
산에 들면
사랑과 평화로 웃음을 주니
산사람이 된 오늘
산을 사랑할 수밖에 없습니다

산성 길

성벽은 마치 돌담길 닮아가고
치욕을 막아내려던 삼백년 전
돌덩이들이 무너지고 나뒹굴고
짓밟히는 소리를 듣는다
도성 외곽성이 설 자리를 잃어가는
슬픔을 모르는지
거침없이 걸어만 가고 있다
걸어가면서 즐거운 숲만 보고 있다
깨끗하게 열린 허공에
산마루의 잔잔한 물결이
도심의 활기찬 동력을 감추고
먼 곳으로 굽이굽이 흘러가고 있다
뒤통수 간지러워 눈길을 돌리니
백운봉 인수봉 만경봉
기다릴 것 같은 혼자 생각에

호암산

그칠 줄 모르고 내리던 비가
멈추니 드높고 파란 하늘 끝에
멀리 소래포구가 눈에 들어오고
드나드는 배들이 실어나르는 소리를 듣는다

내 눈은 초고속 카메라가 되어
꽃이 피는 모습을 관찰하듯
이 끝에서 저 끝으로 움직인다
필름에 담고 수정하고 저장하기를 여러 번
자리를 옮겨가면서 반복을 거듭한다

아, 좋다. 외마디 소리
바람이 대기를 돌아다니며
소통을 원활하게 해주는 날
사람들은 잊고 살지 않겠지, 이 고마움을
산으로 가 만나는 것을

이른 봄 산속

산으로 들어가는 날
눈비 소식에 더 고요한 마음
약수물로 가슴을 씻어내니
적셔진 솔가리길 부드럽게 밟힌다

 시린 바람에도 새눈이 살아나고
마른 가지 맨몸에 눈꽃도 매달리니
미리미리 서두르다 숨고르는 소리
기다릴 줄 알라 하네

말이 없는 산
눈보라 추운 겨울을 견뎌내고
기지개 켜며
정겹게 아는 체 하며
다가올 축제 기대하라 하네

이른 봄 산속
눈비에 몸을 비틀고 꿈틀대는 소리가
산으로 들어간 이들을 깨우며
스멀 스멀 몸속으로
맘 속으로 꿈틀대며

삼월의 북한산

52

거추장스런 겉옷을 배낭에 걸고
가벼운 발걸음으로
낯익은 길을 걷는다

짝을 짓는 새들의 소리
맑게 들리고
눈망울 예쁘게 달고 있는 초목들
피어나는 북한산

벗들이 들려주는 이야기 꽃
옛 절터에 만발하고
날아갈 듯 하루를 보낸다

산으로 가다가

새벽길 마다않고
산으로 가고 있습니다

굵은 빗줄기가
산인(山人)을 때리고 있습니다

회초리 휘갈기는 소리
마음을 세차게 흔듭니다

그래도 산에 들기만 하면
걷고 있는 것 입니다

빗속 참선 수행
무거운 것 씻어내 줍니다

씻기움에 몸내며
허허로움에 허허 웃습니다

무갑산 정상 돌탑에 구름이

비가 내리니
시야는 좁아지고
가야할 산들은
비구름에 숨어든다

잠시 드러난 하늘
무갑산 정상 돌탑은
자연스레 한 바퀴 돌며
세상 아래를 둘러보라네

머리를 맞대고 어깨를 맞대며
정성이 쌓이고 둥그렇게 올라
산 높이를 한 뼘이나 키우니
축수하는 이 마음을 다하네

힘들었던 빗 속 오름도
지난 일로 잊혀지길 바라고
다시 쏟아지는 빗줄기는
가려고 하는 곳까지 걸으라 하네

상두산

겨울 산속
누렁이와 흰둥이가
낯선 사람도 반가운지
꼬리를 흔들며 앞서거니 뒤서거니
상두산 정상을 향하네

정겨운 그들과 함께
흰눈 쌓인 산은
산오름 희열에 들게 하고
가슴을 하나 둘 풀어 헤치며
맨 몸으로 다가와 안아주네

모악산 국사봉 산줄기
들녘 위 하늘에 가까이 이르러
찌든 육신에게 맑은 영혼을
보이지 않는 곳에도 두근거림을
마음엔 정을
가득 심어주네

입춘 산행

헐떡거리며 암벽을 기어오르니
국기봉 바위틈 사이에 나무 한 그루
가지마다 새눈을 매달고 있다

쉬어가는 산객이 나무에 기대어
거친 숨을 뿜어대더니
봄을 와락 껴안는다

버거워하던 제몸의 체중을 떨쳐내고
날개를 달았는지 가벼이 걷는다
산너머로 사라지는 봄바람처럼
흙길에서 서로에게 고마워하며
머지않아 찾아올 따뜻한 햇살
함께 맞이하자 한다

불곡산

계곡과 함께 하다가
암벽을 오르니
작은 산 임꺽정봉
전설을 읽고 긴 능선을 따라가본다

여인네 치마폭 펼치고 앉은 듯
삼각산 줄기가
하늘과 산을 나누고
땅을 품고 있다

허허공공
바람지나며
말없이 살라하며
산을 보고 걸으라 하네

삼천포에 가면

58

낭떠러지 수십리
파도의 메아리에 잠들고
암벽 사이 골바람에 깨어나다
절벽에 꽃을 피우니
그림 속
꽃이 되어
세상 사람들 앞에
남아 있으란다
끝날에
하늘을 날기도 하고
바다 물결에 춤추다
흙으로 돌아가리라

산이 묻고 있어요

산의 중심에
태백산이 솟아 있습니다

산 위에 있으니
산이 또렷이 다가옵니다
산 위에 있으니
산이 더욱 아름답습니다

산 위에 있으니
산이 간절히 묻습니다
머문자리에서
가식없이 답합니다

사랑합니다

암릉을 기어 오르며

방금
비가 말끔하게 씻어낸 바위들
손을 잡아 보고 싶단다

신발을 털고
살금살금 발자국 소리 줄이며
손끝을 대니
살살 잡아 당긴다

산 중턱에 자리를 펴고
허리를 안아주며
상쾌한 바람을 부른다

땀 흘린 근육들의 이완
좋아라, 암릉길 긴장감이 주는
산 오름, 기쁜 속마음을 내 보인다

산 사람 되어
오라 반가이 맞는 바위
씻겨진 몸 기꺼이 내어준다

연주대

창칼 같은 바위가 길게 솟아 있네
고행의 암자가 수행자처럼
하늘을 향하여 팔을 벌리고 서 있네
주렁주렁 매달린 빨간 소원의 등
몸속 무거운 것 버리고
가벼운 몸으로 태어나게 해달라
빌고 있네
모두들 합장하고
담장을 돌고 있네
자비의 물레가
돌고 있네

산에서

자주 다니는 산길
많은 사람들 오고가느라
산행길도 우회길
서두르며 앞질러가도
기다리는 막힘
숨고르기도 하며
도심에 솟은 산봉우리들
강따라 키 큰 빌딩들
환상의 조합에 빠져보세요

산에서
더 먼 곳에
눈길을
더 가까운 내 마음에
성찰을

계곡에 흰 고래가

겨울날
계곡에 물이 없어요
매서운 한파 후
계곡에 흰 고래등이 있어요
물이 흐르는 계곡
이제 알 것 같아요

겨울산
땅 밑에서 살아있어요
계곡길 돌 사이
숨어 꿈틀거려요
반짝이는 은빛
이제 알 것 같아요

통방산에 앉으니 중미산 등줄기가
든든하다

가마봉이 여인인가
부드러운 산줄기
부드러운 허리를 눕히고
눈앞에서 아른거리네
눈으로만 오르고 오르니
능선따라 마음까지 빼앗네

고개를 살짝 들면
통방산에서 달려나가
삼태봉을 낳고
우뚝 선 중미산
근육질의 남근상

사랑하는 이들이
이 모습 받아 안고
이곳으로 모여드네
사랑의 힘으로
살아가네

고덕산은 저 앞에서 웃고

눈꺼풀 덮은 동공에
봄이 아른거려, 쬐끔 남쪽
전주, 고덕산을 오르리라
불알친구 함께 걷는 것은
상쾌하고 유쾌한 일

한옥막걸리집 여주인
언제 도착할거야 폰 울리니
고덕산 바로 앞 마루에 박스 깔아놓고
마른 목 적시는 전주막걸리 정상주
무릎다칠까 걱정 내려놓고 쌩하고
바람개비 돌리며 달려가는 즐거운 일

한옥마을 화강암 도랑물도 좋구려
허연 종아리 챙피한 줄 모르네
막걸리 한 잔이 어린 가슴 불러내고
한옥마을 건성건성 눈보다 들뜨는 일
이른 아침 전주천 걷는 일보다
상쾌하고 유쾌한 일

희망산

희망산에 올랐네
아주 작은 산
아직 할 일 남았네
절망산을 버리고
희망산을 오르네
뼈가 부서진다
힘을 내라, 킬러 세포야
땀구멍으로 분비되는 찌꺼기들
속옷을 흠뻑 적시네

이젠 돌아가네
희망과 절망이 동거하는
생명의 집
찬바람이 정신을 깨우는
강인한 너의 의지로

산에 가면

뒤돌아보면
지나온 길이 사라진
나무숲에서 갸우뚱거린다

혹여 의심쩍어
뒷걸음질로 걸으면
나무숲은 작은 손을 흔든다

산에 가면
나무숲 속 술래잡기
나보고도 술래되어 보란다

그렇게 백두대간은 있구나

삼면의 바다에
웅크린 몸을 담그고
땅이 좁아 하늘로 솟아
백두대간으로 뻗어 갔구나

허리가 절단나 대간 구실 못하지만
부러진 곳엔
싹이 나고 새가 날고 동물이 뛰놀며
수림동산을 이루고 평화로이 사는구나

허리가 약하니 등뼈를
곧게 세우고
산산조각 흩어진 마음
사해천지로 모이는구나

흑룡의 해
백두대간이 한줄기 맥으로
힘차게 솟아
반도를 지키는구나

적갑산이 전하는 말이

이 추운 겨울에
어렵게 올라서서
너른 숲과 강을 보려는가
뭔가 극복하고 헤쳐 나가려 하는가

곤고하고 억울한 12월에
어려운 처지, 서글픈 환경
푸른 하늘로 날려 보내련가
뻥 뚫린 가슴으로 안으려는가

갑산으로 떠날 때에
지나온 길을 잊고 이별을 하듯
억울한 세월 후회 없었다고
용서하고 따뜻한 영혼을 간직하라고

예봉산 바람이 철문봉을 넘으면서

칼바람
산오르는 여인 옷을 벗기고
정상 품안에 안기네

절정의 진저리
야호 앞산을 부르고
그 산으로 달려가네

산속 흙먼지
나는 그 하나
지상의 흔적을 남기네

백운봉

바다 생활이 지칠 때
심신을 어루만지는 뭍에서
호젓한 산길을 걷길 좋아한다
젊어서 하던 일을 그만 두었다가
어쩔 수 없이 다시 해야된다면
삶은 선택이어야 할까
삶의 본질은 무엇일까
발길을 옮길 때마다
반복해서 질문을 던져보지만
계곡은 물소리만 들려줄 뿐이고
백운봉은 말 없이 드러내 줄 뿐이다
땀 흘리는 노동을 마다않고
우뚝솟은 백운봉에 서 본다
지름길이 없는 산은
새처럼 자유로이
강물처럼 도도하게
나만의 피안의 세계

호압사에서

나무 울타리로 꾸미고
겨울 햇살을 마당 가득 안고 있는
작은 정원

저 햇살은 희망이겠지
고행의 길이라 답하는
돌탑과 그 그림자

나무 의자에 앉아
산과 함께 호흡하는

새재

느리게 느리게
발길이 닿는 곳
정상 세포들이 왕성하게 활동을 시작할 즈음
코는 뻥 뚫리고 눈이 보인다
귀가 열려 새소리 들리고
머리가 죽음의 창을 뚫고 날아갈 것 같다

몸 속에서는 한창 신명나는 피순환이 일어나고
죽은 세포들을 밀어내는 순환 잔치를 한바탕 치루면
세포들의 세대교체는 완성

아! 날아갈 것 같다

고동산

외로움이 낯선 곳에 머물고 싶다할 때
경춘선 전철을 타고 가다
강과 산이 유혹하는 역에서 내려
청평댐을 뒤돌아 산에 오른다

나 홀로여서일까
나를 껴안아주는 산은 힘이 있다
더 깊은 곳 더 높은 곳에 서니
가벼운 몸,
깃털같은 영혼은 우주를 향한다

우주의 기운을 육신이 받아
빈 몸으로 하늘에 머물며
구름이 되고 바람으로 살아가는
몸, 몸, 몸

산

연주대 정상에 섰다
어제 내린 겨울비에 씻겨
사방은 가까운 이웃이 되었다
말 없는 친구가 되어
나도 어느새 산이 된다

2부

산의 숨결 그 너머엔

계곡물에 발 담그고

바위산
계곡에 물이 흐르니
머물고 싶어라

등줄기 흐르던 땀
계곡물 따라 흘러가고
바람마저 선들선들
머물고 싶어라

매실주
계곡물에 띄우니
노랫가락 흐르니
머물고 싶어라

신록이
눈을 감으라
내 품 안에 잠들라 하니
머물고 싶어라

벌초 하러가

하늘이 높고 푸르러
드물게 드물게
가고픈 데 있다

고향에 들러
그리운 얼굴 떠올리며
그냥 있어도 좋다

어머니,
아버지,
불러 그려보다
뼈 속 사무친 이름,
　　　둘

비가 오는 날에도

비가 오네
하늘을 활짝 젖혀놓고
지상에 빗물 퍼부으며
사랑하고 있네

젖빛 나신으로
창공을 날며
그리운 이들에게
목소리 되네

그래도
비가 오는 날이면
산속에 있어
숲길에 들리는
목소리 듣네

세상으로 나가려니

쪽방에 웅크리고 있으니
바람이 부릅니다

산에 가면
모든 게 있답니다

가지고 올 것 하나 없으니
바랑 하나 메랍니다

두려움 반 기대 반
처음 만남을 망설입니다

가지고 싶은 게 하나 없다 해도
바랑에 하나 하나 넣습니다

내 바랑 같지 않아
남의 옷 입은 듯 어색합니다

도토리 미끄럼을 타고

볕이 좋은 날
산의 품에 누워 잠들고 싶어
깊이 깊이 산으로 들어갑니다
산길에 누운 도토리들
오르는 길에선 앞뿌리에 나타나
산에 코를 들이대라 하고
내려오는 길에선 뒷뿌리로 들어가
몸을 옆으로 비틀며 엉덩이를
산길에 얹어 놓으라 하네
볼멘 소리 대신
웃음소리로 깔깔거리는 산
지쳐가는 줄도 모르고
산길은 웃음을 풀어놓는다

말바위에서 바라보던 사람들은

어느 자락 끝인가
높지 않은 곳
산성길 마지막쯤
바위 하나 산 아래 보고 있다
궁이 오백 년을 세우며 살다
삼십오 년에 무너져 묻히고
평화를 지키려던 피투성이 얼룩이
건너편 산으로 번져가고 있었다
마을로 내려 다시 이어지는 산성길
사람들 틈에 겨우 머리만 보여주고 있다
그 길을 밟고 걸었던 사람들
말바위는 지켜보다 침묵이다
바위에 새겨진
사랑하며 살아가던 사람들이여

폭설

회색빛 하늘에서
은빛 비늘이 되어 흩날리며
기억할 수 없는 날들을
이마에 하나 둘 내려놓는다

사랑의 뜨거움이 있었던 것들은 녹아
이제는 추억의 눈물이 되어 흐르고
이별의 차가운 시간들은 얼어붙어
내 가슴을 얼얼하게 만들고 있다

햇빛에 반사되는 빈 들녘,
꿈꿔야 할 꿈처럼
하얗게 눈부신 영혼을 심어라한 걸
기록적인 폭설이 내리는 날에야 알았네

피고 또 지니

안양천 둑방길
꽃비 내리니
화사한 봄날이 그리울게고

우거진 나무숲길에
장대비 내리니
젊은 날이 그리울게고

가슴을 돌고도는 혈액 길에
낙엽비 내리니
심장의 펌프질이 그리울게고

그리움의 길에
함박눈 펑펑 내리니
돌고도는 자연 그리울게고

피고지는 것은
새롭게 나고지는 것일테니
순응하며 사는 거란다

겨울 해 짧으니

삽시간 성큼
어둠이 내리니
겨울 해에 쫓겨가던 발걸음이
하산 길을 헤맨다
마을 불빛 등대 삼아
날머리를 찾으려다
고개 절개지에 막혀
지나온 길 되돌아 가본다
소요 지맥 갈림길
질러가는 길 빗겨가니
작은 산을 하나 더 넘어서야
산골 할매 외딴 집
산 속 어둠에 갇혀
밤하늘 별들도 숨어버리고
앞을 가로막고 선 나무들
벌려준 구멍 같은 통로로
마주한 겨울 해

오서산 갈랍니다

이 참에는
도시락 싸덜 말고
대천항 회 맛 신선하고 담백하게
입 맛 들이고
보령호 매운탕으로 깔끔하고 개운하게
입 맛 정리하란다
술기운 쏙 빼내려
탐스런 과수나무 열매 이쁜
밤나무골 뒷동산으로 갑니다
갈대 밭 사람 밭
어깨 상처 입을라
요리저리 피하여 산 정자에 섭니다
벌판이 갑자기
우뚝 솟아 올라온 것 같습니다
모든 게 시원합니다
이 다음에도
도시락 싸덜 말고
친구들 싸서 데릴꼬 올랍니다

창밖을 보며

지금 바라보고 있는 바다는
하늘이 내려와 하나가 되어
참된 벗으로 푸르게 다가온다

꿈을 가진 뇌세포가 죽어가고 있을 때
생명력 있는 이웃 세포가 잠을 깨우듯
하늘에 의해서 짙푸른 바다가 되어간다

詩를 쓰고 있는 건강한 생명이
오랜 시간 잠자며 잊고 있던 것을 깨우는 것은
창밖을 닮아가고 있는 것

우정

연약하게 살아가면서
친구를 맞이하고 굳혀
작은 열매로 맺어가는 삶을 이루리라

깊은 속 내면을 열어가면서
비밀을 터놓고 나누며
역경을 안아내는 우정을 나누리라

진지한 말에 귀를 쫑긋하고
서로를 신뢰하고 밀어주고 당겨주며
인생길을 걸어가는 동반자가 되리라

고난을 만나고
난처함에 빠져도
사랑노래 부르며
더 큰 사랑을 나누리라

김밥이 좋았단다

산에서 먹는 김밥이
오늘따라 더없이 좋았단다
뱃속이 비어 한 걸음도 걸을 수 없다고
황소고집 피울까
양지바른 바위에 엉덩이를 얹힌다
입안에서 김밥이 터질 때마다
웃음보 터져 신이나니
잘 나섰다 잘 나섰다
배낭을 가볍게 다시 메고
거뜬하게 연주대에 올라
늦겨울 짧은 해 얄밉다며
남은 김밥 터뜨리니
뱃속 가득 채워져
뒤뚱 뒤뚱 오솔길 내려온다
아무런 약속 없이
다음 산행에는
김밥 두어 줄 더 싸와야겠다

연석산 별꽃은 참 맑더라

신록의 숲에
별꽃이 내려왔다
밤하늘 더는 못견뎌
산별되어 한 가지에 모여 있다
별 하나 꿈 하나
너 하나 나 하나
셀 수 없어
산에 들어가 있는 꿈
한가득 담고 내게 왔다
곱고 하얀 별꽃
걸으면 머릿속에 들어와
맑은 별꽃으로
하얀 웃음 웃으며 내게 왔다
샛별도 기인별도 모두 함께 왔다
한 몸 되어
초록 숲에 왔다

원효봉에 해가 지고 있다

삼각산이
긴 그림자를 드리우고
뜨거운 열기를 식히고 있다

노적봉 젖살이
초록 저고리를 밀치고
서쪽 낮은 해를 받고 있다

의상이 처음으로
마주보는 원효가 마지막으로
산의 희열 빈 배낭에 담는다

원효암 불빛 하나
밤하늘 별 하나
나란히
아름다운 이별 아쉬워한다

싸락눈 내리니

싸락눈 내리니
 하루 종일 걸어
세 고개 아홉 봉우리 넘어서
적갑산 이르는 길

산으로 가는 새벽녘의 행복
활공장에서 날개를 달아주니
조심스레 강 위에 뿌리네

새로운 하얀 길
밀어나는 발자국 뒤 밟으니
예봉산 나무 의자에서
몸짓 발짓 사랑의 노래
사랑이 저무는 우리네
시샘하는 마음 들킬까봐
팔당역 굴다리 불빛보며 내려오다
포장마차 잔치국수
후루룩 후루룩
목줄타고 내려가네
사랑도 내려가네

싸락눈도 내려가네
강 위에 누워

해가 진다

차가 달린다
서쪽 하늘로 낮게 내려와
앞 유리를 뚫고
불그름 마음을 보이며
가까이 다가오고 있다

가슴을 불태우더니
붉은 보자기로 둥글게 싸매
데려갈 듯 점점 다가온다
서쪽으로 지고 있는 것은
어리석게도 나 였으리라

진다고
내가 지고 있다고
강산을 붉은 가슴으로 받으면서
붉은 웃음을 지며
나를 깨우고 있다

한내천이 흐른다

비가 내립니다
내가 달리던 한내천이
가득 채워져 물살을 이루며
강물이 된 듯 어깨춤을 추고
오랜만에 제대로 주인 노릇하는 소리
정자를 맴돌며 외치노니
오늘은 탁주 한통에 시름 잊고
급하면 급한대로
잔잔하면 잔잔한 대로
그대는 내 곁에 있어주면 되노라
달리며 땀 흘릴 때
제 몸 한 번 씻겨주지 못해 안타까웠으나
이젠 발을 담그고 술 한 잔씩 기울이며
지나간 세월을 씻어내 보자

비가 내리고 있습니다
강물이 흐르고 있습니다
내 마음도 흐르고 있습니다

산은 나에 대하여

오르내리는 산
산은 흔들리는 거야
사소한 길에서 멈추고
힘들다 투정부려도
걷고 걸으라 합니다

뿌리 내리는 산
나무며 풀이며 꽃이며
해마다 깊이 깊이 뿌리내리며
얼굴을 부비며 살아가랍니다

흩날리는 산
꽃씨도 바람에 날아가고
구름도 어디론가 흩어지며
헤어질 줄 알라 합니다

정적인 산은
끊임없이 묵언 수행에
발길을 옮겨 놓으라
마음에 심어놓는다

어리석음을 알 수 있을까

암릉이 단단함을 뽐내며
골짜기 초록 숲과 어우러져
의상 능선은 내달리고 있다

바랑에 한 짐 가득 지고
무작정 빨리 오르기만 하는데
나무향이 코끝을 스치며 발을 세운다

사랑할게 많은 줄 모르고
무심한 산길을 걷고 있으니
산은 기대고 싶은 사랑을 부른다

원효봉에 눕는 햇살이 부드러워
차마 아프기만 할 것 같애
멈칫멈칫한 걸음에 헛웃음이 납니다

양지에서

볕이 잘 드는
산 언저리
산다방 커피 한 잔
보온병에 와닿는 빛이
눈부셔 눈을 꼭 감는다
갑자기 은빛 갈대 물결이
바람소리 내며
눈꺼풀 위에 그려진다
그녀의 어깨를 껴안고
부러지지 않는 갈대의 군무처럼
살아갔으면 좋겠다고 말하던 날
시간이 그대로 정지하길 바라던 날
그것이 사랑이길 원하던 날

......

눈을 떠보니 허전함에
겨울 햇볕 다가와
산 주위 맴돌며 거닐고 있다

먼산 가까워지누나

눈이 소복소복 쌓인 날
나무도 나도 발목까지 빠져
고요한 산 속에 서서
지나온 이야기들 주고받는다
먼산을 바라보고 온 길
뒤돌아보니
갈길이 얼마 남지 않았구나
앞만 보고 걸었구나
그래도 후회없이 걸어서
저 산에 닿아 등을 대고
누워야겠구나
한뼘 자란 나무는 낙엽이 떠나고
눈부신 새순을 달고
봄을 또 열어
생동감을 주겠구나

무너미 고개에 앉으니

산과 산을 나누고
마을과 마을을 가르는
재에 앉으니

산과 산을 이웃고
사람과 사람을 이어주는
재에 쉬어 가라 하네

해와 구름이 머물다
달과 별이 지켜보는
고갯마루에 잠시 앉아보네

말없는 산길에

한파 후
포근한 산길
송년 산행길은 만원이다
산은 콩나물버스
스치고 밀리고
마당바위 쉴 새 없네
학바위 갈림길에
팔봉계곡엔 바람 머물며
쉬어가라 귀엣말 속삭이니
말없이 바라보고 있네

저무는 산길이여
말없는 산길이여

그 꽃

이젠
공원 뒷산에 가면
항상 '그 꽃'을 볼 수 있게 되었네

[그 꽃   -고은*
  내려갈 때
  보았네

  올라갈 때
  보지 못한
  그 꽃]

겨울 산책 나온 이들
눈꽃도 보고
마음의 '그 꽃'도 볼 수 있게 되었네

---

* 시인 고은의 싯구에서 인용

신선대에 올라서니

영하의 날씨 한달여 한반도는 꽁꽁 얼어
전력 소비에 가슴 졸이는 우리내 인생살이
동장군이 절기를 지키며 물러날 즈음
산이 되레 몸살을 앓고 있다
겨울나무 벌거숭이 사이사이
화려한 등산복 차림으로 수를 놓고
낙엽에 희끗희끗 앉은 된서리
쫓겨가는 나그네 마음 알고나 있을까

산길을 돌아 돌아
신선대에 올라서니
하늘을 잡을 듯 바위가 우뚝 서 일어서고
자운봉 만장봉 선인봉
뜀바위 너머 인수봉
산등성 파란 비닐 대나무 우산인가
한반도의 반절이 살아가는 그루터기인가
대지의 수증기마저 칼바람에 짓눌려
모든 생명에 위세를 떨치고 있다

얼음길 아스팔트 산길은 지난 세월들처럼 숨어버리고
알 수 없는 산속 신비에 짝사랑 손짓하며

형형색색 새봄 마중길
마음에 이미 다가와 있다

금학산이 철원 평야에 우뚝서다

산이 시작하는 곳에서
산으로
산으로
산으로
산이 하릴없이
산새들 여기 저기
산이 잠들까 봐
산나무들 흔들흔들
산개구리 폴딱폴딱
산지렁이 꿈틀꿈틀
산객은 껑충껑충
산이 나오려는 곳
산 하나 우뚝 솟아
그 옛날 철원평야를
호령했단다

칠봉산 낙엽길

매사냥 전설 매봉 쉼터
오르고 내리는 길

마른 나뭇잎 소리
밟힐 때마다 아름다운 화음

빈 가지에서 작고 낮은 소리
땅 바닥에서 크고 높은 소리

숲을 지키던 새들 소리 날아가고
늦가을 산 속 맑은 소리

발바닥에 닿는 소리
가슴에 와 닿는 즐거운 소리

칠봉산 낙엽길
깔깔거리는 길

1월

혹독하게 추운 계절
세수하러 샘물가에 서면
우물 안의 김 하얀 수염으로 오른다
두레박 속엔 얼음이 둥둥
줄을 당기던 손은 쩍쩍
빼꼼히 내민 얼굴
고양이 발짓으로 물 묻히고
방으로 뛰어들면
문고리
방으로 덩달아 뛰어든다
뚫어진 문구멍을
창호지 한 장으로 덮는
문풍지 소리
1월 바람 신이 나서 내는 소리
멋을 부린 단풍잎 창호지 사이에서
겨울빛 밤낮으로 유희하고

문수봉으로 가는 길

겨울 햇살이 가득한 날
태백산에 오르는 자
어디를 둘러보아도 산뿐
바람도 흔적을 찾을 수 없네
소리를 질러도
어디론가 달아나버린 후 산뿐
메아리 돌아오지 않네
하얀빛 빙글빙글 돌아나와
쉬엄쉬엄 세상사 길 보라네
친구여, 젊은 날의 설레임도
바다에 사막에 묻어버린지 오래라네
이제는 돌아가야 할 고향
언제나 숨쉬며 살아 움직이는 산
같은 공기를 마시면서
같은 산길을 걸으면서
같은 행복을 나누라네

겨울나무에게로

능선 위에 줄지어 선 알몸 나무들
하얀 매트 위에서 동안거 들고
하얀 눈 길 위에 선 사람들
지난날을 꺼내보며
앞서거니 뒷서거니
허위허위 오른 산길

고요 속 하늘빛은
손끝에 잡힐 듯
새하얀 낮달
싱그런 햇살
양손으로 받아내어
감싸안은 얼굴엔
사르르한 우주의 기운

겨울나무에 손 내밀어
사랑을 청하고
눈감고 누우니
한뿌리 되어
아래로 아래로
흘러라

해룡산이 외로워

산을 가다가
외롭고 쓸쓸하게 만난
낙엽 떨어지는 산
푸른 하늘에 수놓은
수채화 같은 산
갈 길 멀어
재촉하는 이들 붙잡고
차를 끓이는 산
버릴 것 한번에 쏟아붓고
난장하게 불붙는 산
거기 뛰어들어
함께 타고 싶은 산

외로움도 버리고
불결함도 버리고
사랑조차 버릴
모두를 버리라는 산

몸도 가벼이
마음도 가벼이
갈테면 가라 하는 산

화야산이 정진하라네

혼자 오시려거든
등짐 부리고 오세요
가지 끝 송이눈으로
목을 축이면
턱밑까지 차오른 숨결 땀방울
기쁜 마음으로 받으리다

혼자 오시려거든
알몸으로 오세요
산정의 눈이불로
몸을 데우면
우주의 열기
기쁜 마음으로 받으리다

혼자 오시려거든
빈 영혼으로 오세요
산을 깨우는 바람 소리로
홀연 마음 모으면
산과 일치된 영육
기쁜 마음으로 받으리다

산은 여유를 갖어라 하네

풀잎처럼 돋아난 바위들이
뜨거운 여름날 힘겨운 듯
칭얼거리며 오라 손짓하네

외줄 로프에 의지한 채 프로메테우스가 된
꼼짝않고 붙어있는 사물
웅성거리며 모여드는 사람들
위태로운 탐욕으로
조용하던 산 속 어수선하다

산은 기다림의 미학 교과서라네
시원한 그늘과 바람으로 간지럼 태우며
늘푸름의 서정을 읊조려준다

산은 포근한 모성
문명의 포악한 생리를
거부하는 산
포근한 안식으로
산은 여유를 갖어라 하네

섬

(친구 그림을 보면서)

바다 건너 뭍에서
나를 찾고자 하는 이가 있다
그를 포근하게 안아 주며
속내를 내보이며
사로잡힌 감정을 토악질 해낸다
밤새 엎치락 뒤치락
뭍에 대하여 이야기하다
날이 밝으면 떠나려 부산을 떤다

또
그렇게
섬은
뭍사람의 고해 성사를
듣는다

계곡 길

연초록 나뭇잎이
아직 그늘을 이루지 못하네요
응달진 흙길에는
얼었다 녹았다 변덕스런 얼룩이 남았네요
그래서 물이 졸졸 흐르는
조그만 계곡으로 들어섰지요
징검다리 건너듯 오르려니
좀 쉬었다 가라네요
옆에 바위가 벌써 와 앉아서
꽃대를 흔들고 있네요
겨우내 바위틈에 들어 앉아 있다
어느새 싹을 키워냈나 봐요
바위도 얼었다 녹았다
변덕을 떨었던 시간들
꽃씨를 품고 있다
꽃을 피웠나 봐요
어머니가 우리를 그렇게
피워내지 않았을까 생각해 보세요
계곡 길 곳곳에
어머니 사랑이 있는 줄
이제야 알았네요

어머니 가슴같은 계곡 길에
서 있네요

산그늘

정상 어디쯤
햇살이 양탄자를 펴놓은 바위
차 한 잔이 신선이다
발 아래
산그늘이 자리한 계곡
흰눈처럼 학이 모여 있다
여기가
천국이 자리한 산
마냥 들고 싶어지는 산

산이 된 나

하염없이
눈물이 납니다
흐르는 눈물이 싫어
하늘을 봅니다
경쾌하고 빠른 곡에 맞춰
흰 날개 달고 날아갑니다
혹여 장엄하고 느린 장송곡에 맞춰
팔을 끼고 걸어갑니다
산 오르는 길 내내
귓가에 맴도는 소리입니다
씀바귀 같은 인생길
하얀 수액은 눈물이 됩니다
영원히 보듬어주는 산
바위돌부처의 작은 미소로
산은 나를 고요히 바라봅니다

산이 된 나
차마 고요하게 눕습니다

산이 눈벼락을 맞으면서

사방이 연회색빛으로 젖어든다
기쁨으로 환호하듯 날리는 눈
바람을 타고 송이송이
날으는 기쁨도 욕망만큼 잠시던가

북풍의 칼바람이 흰선의 경계를 긋는다
세상은 눈과 바람만 있을 뿐
가까이 보이는 것도
멀리에 보이는 것도
하얗게 포장되어 빔(void)이 된 산길

가슴이 뜨겁게 벅차오른다
오로지 간직한 하나
하얀 산길과 첫 사랑 빠져들며
속살에 깊이 깊이 새겨진 나

회심의 미소가 허공에 헛손질하며
발목을 붙드는 사랑이
깊을수록
힘겹게 돌아서야 하는 것
그 우뚝한 두려움이

외딴 집

들녘을 지나
산모퉁이를 돌면
눈 속에 갇힌 집
양지 바른 곳에서
빠꼼히 얼굴을 내밀고
드물게 지나는 이들을
외롭지 않게 바라보고 있다

강추위에 움츠리고
바깥 구경 그리울 땐
그 곳에 머물면서
기꺼이 홀로 사는 삶
몸으로 익히고
정신줄을 잡았다 놓았다
이 세상의 참 의미
외롭지 않게 바라보다
떠나가기를 진정 그려본다

산은 더 북쪽 끝으로 가고 싶어라

반도에서
북으로 산과 같이 가보세
낮은 산은 높은 산에 기대고
높은 산은 낮은 산을 안아주고
때로는 서로의 어깨를 맞대며
물결을 이루며 춤을 추며 북으로
가고 있는 걸 볼 수 있을 걸세
가는 길 발걸음 가벼워
지칠줄 모르나
지금은 조심스레 멈추네요
산이 가로막는 일이 없고
산이 사랑을 베풀기만 해서
산처럼 살러 왔는데
누군가 가로막고 있네요
산은 말이 없어요
오란 말 가란 말 잊고
침묵의 시위를 하는 걸 보세요
산은 서로 따뜻한 손을 잡고
평화의 노래를 부르고 싶어서
사랑이 넘실거리는 삶을 살고 싶어서

묵언의 수행을 지속적으로 할거라
뜨거운 눈으로 말하고 있네요

산은 비에 흠뻑 젖고 있다

태풍 모라꽂이 땅과 만나면서
열대성 저기압으로 바뀌더니
오른쪽 앞 자리에 발생한 비구름
반도 중부를 지나면서
비를 퍼붓고 있습니다

산은 나무 우산받이 되어
비를 받아들이고
사람은 비닐우비 속에서
비를 거부하고 있습니다

호되게 젖은 산은 말 없이
시끄러운 소리를 낮춰
사색하는 고요함에 들게 하고
훠이 훠이 기어오른 인간들에게
오만함과 절망을 이기는 길을 내어줍니다

산은
만물을 이루고
사람의 몸도 하나이듯
땅, 물, 불, 바람을 세워 놓고

태고부터
오직 일체임을 보여주고 있습니다

산과 나

멀리에 있어
서먹서먹해도
차츰차츰 다가서니
다정하게 안아주네
세상 일 시름 잊고
땀 흘리며
다독거려주며
함께 숨쉬며
낮은 곳 드러내 보여주면서
낮은 자세로 보라네
동물이나 사람이나
함께 다니는 숲속 길
사랑하라네
사랑하라네
산에 들어가 들은 얘기
세상에 전하며
산과 사람이
하나 되어 가라네

흑석골 물소리

토막잠에 실려 온
흑석골 물소리
아침을 깨운다

나무들,
촉촉이 젖은 눈으로
하늘 바라보며
봄날의 새들 맞이하네

벗이 아닌 벗에 울어도
내 안의 벗에 미소지으며
무성한 산이 되어 살리라

심연 모를 우주
산을 따라 내려오는 물소리
다가서는 눈부신 아침이다

된재에서 내려와

얼음 밑 개울물 소리
된재에서 내려와
마을 논밭 잠을 깨우고
흙들이 기지개 켜네
젊은이 모두 떠난 산골마을
마늘 모종 보살피느라
늙은 할매 허리 더 굽었네

산들이 굽어보는
산마을 버스정류장
냇물이 졸졸 흐르는 소리
나의 정신을 깨우니
옆에 낀 책 펴들고
저녁 해와 함께 마을버스 기다리네

산그림자 앞산으로
호미질소리 뒷산으로
새생명 봄트림 소리
소리 소리 조용조용
산은 마을을 안아 감싸고
너그러운 자유 즐기네

생각의 꼬리표

공원 정자에 우두커니 앉아 있으니
나무들의 흔들림이 나를 깨운다
가늘어진 가지들은 하늘을 쓸고
바람의 시를 쓰고 있다

파도가 곱게 깔아놓은 모래밭에
사랑의 말을 남기면
바람은 또다른 말을
계속 속삭이라며 흔들어버려요

여인들이 춤을 추는
사막의 모래섬에서 탄성을 지르면
나신이 되어 보라며 모래바람 흔들어요

쓰고 지우고
세우고 허물고
머물면 흔들고

바람이 그렇게
생각의 꼬리표를 달아주지요

나무들처럼

홀홀 털어버리고
맨몸으로 서로를 껴안으며
매서운 바람과 맞서는 나무들
음지와 양지
한몸에서도 다르게 자랐지만
서로를 위하는 몸짓,
듬직하다
그것이 그것인 좌파 우파
피 터져라 지겹게 싸우는 세상사
부끄럽다
나무들아!
서글프고 서글픈 일
등산복이 사회계급 되는 세상
부끄러운 사람들아
어찌하겠는가
나무들도 어김없이 비우건만
마음 비우네 하지만
뒤돌아서면 모두가 잘났네
부끄러운 사람들아
나무들도 비우는 것을

눈이 내리네

두툼하게 겨울옷을 껴입고
공원 뒷산으로 산책을 나서네
몸도 무거워 마음도 무거워
이 길 저 길 걸어보네
높은 곳에 서서 무심히 바라보네
하늘이 어두워지고
홀연히 눈발이 날리네
바람이 휘몰아치며
사정없이 뺨을 때리네
다다닥 따따딱
마지막 생각마저 날려버리고
산길 내려오네
오를 때 황톳길
내려올 때 하얀 융단길
언제 변할지 모르는
인간의 마음
자연의 이치
따르라 하네
자연의 섭리를 따르라 하네

설날 아침

설레임도 없이
가야 할 고향도 없이 잠들었는데
새벽 시계는 정확히
떠나야 할 시간이다
컴컴한 천정이듯
두 눈 뜬 마음도 캄캄하다

부모를 잃은
고향을 잃은
너

설빔 양말과 옷으로
조상 찾던 설레임
어딘가에 묻히고
거기엔 나도 없네

헌 날은 묻혀가고
새 날은 잉태하네

오고 가는
설날 아침

도봉의 봉우리들 앞에 서면

설날 하루 전
대한 추위가 한파 주의보라는군
강풍이 체감온도를 칼날 위에 선 듯
엄청난 엄동설한이라지만
극한의 산행길에 나서
목도리 안면마스크 귀마개
철통같은 준비로
반항의 체온을 감싸네
바람이 씻겨간 공기
배호흡에 규칙성을 씌우고
머릿속은 도화지 같은 하늘이라네
앞가슴을 여미고
내미는 봉우리품에 눕네
하늘 가까이
햇빛 달빛 모두 잡아들고
별빛처럼 아름다운 봉우리들
조화롭게 시위하네
빛바랜 지상의 바람소리 뒤로 하고
겸손의 메아리 가슴에 새기네

이 봄에

이 봄에 내게는
봄꽃이 또 찾아와
외롭지 않아요

이 봄에
소름 돋았던 겨울
봄꽃은 알아요

봄바람에
가녀린 떨림
봄꽃도 나도 전율하지요

산이 봄비에

신비하다 새순이
여기저기 돋아나니
사람들 약속한 듯
모여드네

새치름하다 봄비에
구석구석 닦아내니
나무들 새옷 갈아입듯
말끔하네

투박하다 땅바닥이
듬성듬성 푸릇하니
산이 살아난 듯
싱그럽네

활발하다 육신도
덩달아 꿈틀대니
마음엔 희망이
돋아나네

산은 봄을 맞고

인기척에 소스라치게 놀란
봄산에
봄비 내린다

촉촉히 젖은 몽우리 가지
이른 봄 추워
파릇이 떨고 있네

바람에 입맞춤한 새눈
봄비가 좋다네

긴긴 기다림 끝에
반가운 너

3^부

아내를 위한 기도

산은 아내와도 같아라

산이 좋아라
저만큼 홀로 서서 산은
꽃이 피고 지고
저만큼 높이 솟아
작고 큰 나무들을 안아 키워내고
이만한 거리에서 바라보는 서러움을
목청 돋운 가락으로 위로한다네

퍼득이는 맥박 소리
따뜻한 체온으로 다가선 산의 그림자
언제나 육신을 위로하는 아내와도 같아라

안개처럼 걷히우는 시간의 유한함에
푸른산에 스치며 긋는 바람에도
철마다 산에는 봄풀이 돋고
서럽게 불면하던 가지 끝에도
파란 움살로 피어나는
봄 · 여름 · 가을 · 겨울
　　　　　산
정녕 산은 아내와도 같아라

벌봉 겨울산에 서서

강건너 벌봉 겨울산에 서서
당신과 함께한 시간
되돌아보니, 되돌아보니
쓸모없는 눈물이 샘솟는 까닭을 모르겠소
청춘의 열화같은 시간들은
용광로 속에 갇혀
거룩한 욕정의 포로가 된
아쉬운 슬픔이 아니었겠소

바람 탄 돛대처럼
우리들의 시간은 중년의 끝자락
눈물, 이토록 하염없는 눈물이 나는
까닭을 모르겠소
어느 거룩한 절망의 깊이로 하여
가슴속 솟아오른 멍울의 꽃
행복한 겨울의 벌봉을 바라보며
다시 오지 않을 수많은 그날들을
생각해 본다오

당신이 있기에
시간과 공간의 경계 밖으로

이 혹독한 겨울바람이
나를 실어간다 한들
벌봉 바위되어 당신 곁에서 굳건하리니

태을봉에서

숨을 쉬어야 살겠지요
콧구멍 목구멍 염증으로 부어있고
열이 나고 고통스런 통증이 있으면서
들락거리는 숨소리 답답합니다
약 기운에 취해 몽롱하고 어질어질해
무기력증에 빠져 있을 때
육신의 세포들의 아우성 소리
땀을 적당히 내보자네요
빈 배낭 달랑 메고 가볍게
오르는 산은 정말 좋지요
가슴 속 깊이 솟는 산 아주 좋지요
숨줄도 뚫리는 것 같고
머리도 차츰 맑아져요
산 이야기는 한촌 오두막집 굴뚝처럼
흐느적거리는 정경이 되지요
산이 손짓하는 대로 또
몸짓도 하구요
산과 한바탕 우정의 힘을 나누고 나니
한결 활발해진 세포들
산은 참 좋지요

문수사

비 내리는
문수봉
연꽃 안개 비

부처님 오신 날
나무아미 타불
나무아미 관세음 보살

문수사
스님의 미소
연꽃으로 피어올라

금단골에서 그리워하다

다시 금단골로 가야겠네
호젓한 골짜기, 그곳 푸른 하늘로
내가 원하는 건 급경사 좁은길로 가는
안전판 방향, 안내하듯 따라나설
별자리 하나, 그건
조수같은 반전의 세월에도
방향판이 되어준 아내

다시 금단골로 가야겠네
동녘바람, 새소리 가득한 바람
그 바람소리 들으면 눈물이 스민다
비단같은 나뭇잎과 바위산 골짜기에
불어내리는 바람,
그 바람속에 아내가 타고내리네

다시 금단골로 가야겠네
하늘 푸르고
흰구름 술래잡기 한창인
비와 태양 따스하게 비추는
숲속 꿀벌소리 합창 사이로

종소리 같은 맑은 물소리 나는
그곳은 사랑하는 아내가 있기 때문

만년설산에 비바람 몰아치면

저기 만년설산에 올랐네
삼천미터 봉우리들
당신에게 비바람 몰아치면
매서운 바람 몸으로 막아
당신의 영육을 감싸리라
불운의 모진 바람 당신에게
불어 닥치면, 불어 닥치면
이 몸 품안에 감싸 안고
그 불운과 동행하리라, 동행하리라

어둡고 황량한 거친 들판
한복판에 서 있다 해도
당신과 함께라면, 함께 한다면
그 거친 비바람속도 낙원이리니

만년설산에 비바람 몰아치면
당신의 고통은 나의 고통
당신의 절망은 나의 절망
당신의 희망은 나의 희망
당신의 기쁨은 나의 기쁨이리니
만년설산에 당신의 수호신 되겠네

아내와 함께한 7월

7월은 잔인하고 가혹한 달
죽어가는 땅에서 야생꽃 키워내고
욕망과 질시와 회한과 원망의 뒤범벅
세찬 장맛비로 죽음의 꽃 되살린다
미지의 시간은 차라리 우리를 안도하게 했지
망각 속에 묻고 싶은 대지의 현재성
말라가는 뿌리를 세찬 물줄기로 감싸
갸날픈 생명 지켜냈으니
여름 소낙비를 몰고온 열대성저기압이
우리를 놀라게 했지
우리는 어둡고 컴컴한 지하동굴 속에
잠시 갇혀 있다가
회색 먹구름이 지나가고
파란 하늘이 열리는
햇빛 찬란한 정오에
당신과 마주보며
아무렇지 않은듯
세찬 빗줄기는 한낱 꿈일 뿐이라고
찻잔을 마주대고 재잘거렸어

인간들은 말할 수도 없고 추측도 할 수 없는 것

흐뜨러지고 거꾸로 선 현실의 영상을 고집하고
메마른 돌바위 틈에선 물줄기 하나
흐를 수 없다며 저주의 언성을 높혀든
거기서 공포 뒤에 남겨진 정적을 보았어
그날 그 불안은 희망이 되었고
아름다운 당신에게 한 아름 꽃을 안고
이슬방울 눈가에 맺은 당신의 가슴에
도둑처럼 안겨주었어
산 것도 죽은 것도
인간이 알 수 있는건
아무것도 알 수 없다는 것이었지
오로지 빛의 한복판에서
그 정적 사이에서
바다같이 격랑의 넓고 넓은
사랑하는 당신을 보았던 것이었어
7월은 잔인하고 가혹한 달
당신과 나의 새신부 같은 시간이었지

설악폭포

매몰찬 비바람에 상흔이 남겨졌어도
오색 약수터로 기약 없이 오라기에
창문 열어둔 잠든 사이
몰래 숨어든다

달빛 나무숲에 걸리고
달빛 취한 자갈밭길 휘청이니
그나마 조심스레 다가서니
계곡의 물소리
잠깨우는 설악폭포
한여름 새벽녘 4시와 5시 사이
시간입니다
아침이 된 거로군요
헛기침하며 찾아드는 이에게
붉은덩어리로 솟아오르는 태양
안겨주려는가 보다

당신을 만나려는 정분에 어쩔줄 몰라
습한 여름밤 기어올라
알몸뚱이 뼈다귀 환히 드러내고
살금살금 다가가 당신 곁에 눕는다

천불동 계곡길에도 사랑이

높이 솟아 험한 바위 되어
깊은 계곡 명산 되었나
좁은 하늘
올려다보는 그리움인가
긴 바위 계곡
아내를 향한 그리움인가
흐르는 물소리 이별을 외치는가
목청을 돋우고 불러도
이내 돌아오는 울림
당신의 속삭임이 들립니다

바위 허리마다 띠 두른 나무들
당신과 함께한 세월처럼
초록빛 빗살무늬 덧칠이 멋져라
말랑거리는 심전(心田)을 비집고 나와
따스한 봄볕에 선잠 달아나고
꿈틀대는 연초록 혹독한 생명이어라
당신과의 사랑이 그러했습니다

천불동 계곡에는 사철마다
푸릇한 젖가슴

주름진 젖가슴
형형색색 보랏빛 시각
하지만 거스를 수 없는 자연의 이치
오고가는 사람
집으로 향하는 발걸음
깊디깊은 사랑의 삶이 조수처럼 들고나는 곳

해수탕에 서서

알몸으로 서서
유리창 밖 바다를 향해
목이 메이도록 외치고 싶다
'사랑한다 오래도록'

바다가 맞닿은 하늘
넋을 잃고 바라보는데
경계가 사라진 하늘바다
그리운 이가
구름처럼 두둥실 떠다닌다

그 때 그 사랑
붉은빛 금빛 바다에
반짝거리던 조각배
포말에 찬 파도가 밀려
잔물결 백사장에 사랑의 수 놓으면
어리석게도 고개를 젓는다

다시 사랑의 물결 넘실거리며 다가오고
종소리의 희미한 울림

하얀 탑들의 추억
썰물로 묻혀간다

금강 어느 쯤에서

봄꽃이 사랑 탓인지
살짝 더운 열기 탓인지
화사한 웃음을 잃고
졸고 있다가 반긴다

마을 어귀로 달려온 강물은
함라산 산줄기 따라 감고 돌다
바다로 가는 것을 멈춘 듯
서성대는가

그대 불러
웅어회 한 접시 주문해
막걸리 한 잔 마시고 싶었다

안 되는 것에 안달하지 말고
조갈이라도 해소하면서
봄꽃과 강물을 어루만지다
가고 싶었다

삿갓골재 산장

그늘진 계곡 숲길
바람도 앞서거니 뒷서거니
나뭇잎도 흔들흔들 반가운 몸짓
장수덕유 남덕유산을 옆에두고 월성재
전망 바위 쉬었다 삿갓골재에 이른다

산봉 밑자락 찻집
차 한 잔 마시고 싶다
산과 살을 맞대고 뒹굴며
산 사랑에 빠지고 싶다
가던 길을 멈추고
시간도 멈추게 하고 싶다

산에 들기만 해보시게나
하늘 땅 바람 모여 노니는데
별빛 달빛도 보고 싶지 않겠나
물맛인들 없겠나
이 시간만이라도 푹 빠졌다 가세

우두령

우두령 들머리
좁고 가파른 오르막 길
산으로 들어가는 커다란 뱀처럼
울긋불긋 꼬리를 물고 간다

숨소리 거칠어지고
잡목 가지들이 할퀴니
백두대간 줄기 밟으려
들어선 첫 구간에
헉헉 거리는 숨통

황악산 정상주 한 잔에
세상사 바람재에서 날려 보내니
가야할 멋진 산봉들이 유혹하며
들숨날숨 호흡 맞춰 한 몸 되어 보란다

산으로 깊이 들어가
오르고 내리고
머릿속은 백지장 같은 공백
걸치고 뽐낼 것 없이 걷고 걸으니
산은 만나는 것들과 교감하란다

허정한 산길

산길도 길이다
잘 나 있는 길
능선길 계곡길
약초 캐러 가다
없어진 길
겉으로 보기엔
길은 길
같은 길이다
표지판 있는 도로도
몇 번이고 주위를 맴돌다
겨우 찾아가기도 하는데
산길이야 오죽 하겠는가
나침반 만보기 고도계
실상은 충실하지 못한 게
가고자 하는 곳 까지
허둥대기도 하지만
보통은 길따라 잘도 잘도 간다
항상 비상시를 대비한 준비
배낭과 육신과 마음이
하나 되어야 하겠지만

11월

묵직한 가을비
이틀을 생각에 빠져들다
햇볕이 자리한 산에서
순환하는 계절을 바라본다
키 큰 나무
하늘을 보면 가릴 것 없고
허리쯤엔 허름한 누더기 옷 걸치고
그것마저 벗어버리지 못해 안달이다
뿌리를 아래로 낮추고 있다
이 작은 인간
높은 하늘을 쫓아가면서
육신엔 화려한 등산복으로 치장하고
지상의 것을 하나라도 갖지 못해
안달이다
좋은 것 높은 것 잡으려
발버둥친다
지금 보면 우주는 먼 곳이 아니고
가까우니
나무들처럼 미련을 털어내고
단 한 벌의 간편한 옷차림으로
낮은 곳으로

낮은 곳으로
이 가을엔

한번쯤은

아주 오래되었네
눈여겨보지 않고 지나는 산길
억센 비바람에 살맛난 들풀들
잡초들의 생명을 보려고
쪼그리고 옆에 앉아보니
푹신푹신 침실을 내어준다
억센 것의 부드러움

아주 오래 되었네
눈길 주지 않고 지나온 인생길
억세게 살아보려 했던가
그 생명으로 따뜻하고
부드럽게 살갑게 대해주었나
투박한 말투나 손짓이라도
남을 위해 내어놓도록 배려하자
스치는 인연을 놓치지 말고

시월

시월 하늘은 유난스레
설레임이었다
높고 푸르게 들떠 있었다
보고만 있어도 설렘 뿐

자외선 차단제 없이
만나고픈 가을 햇볕이
가까이 짧게라도
네 이마를 핥아줄 뿐

가쁜 숨을 토해내는
땅 속 땅 위 열매들에게
생명을 풍성하게 하도록
가슴 내밀고 뽐내고 있네

가을비

비오는 날
도심 속 가을
잿빛 화선지
소공원 단풍잎
환한 미소로 눈길 모으네

마음의 미세 먼지
차분하게 가라앉은 차창
방울방울 눈물이 되어
씻기우니
먹빛 하늘도 좋으네

미소가 자꾸 떠오르는 시간
가을 남자로
잠시 착각
사랑했던 사람들
찾아가 미소 짓네

탈바꿈

나들이 하듯
다니던 산봉우리

가을비 흠뻑 젖어
가을볕에 말리는 중

자신의 몸을 불사르는 숲
벗어버리고 탈바꿈 할 축제

바다가 하늘에 떠 있고
산과 들은 한창 변신중

가을맞이에 나선
내 모습 벗어버릴 것 보이네

횡설수설

승자로 역사를 쓰는 게 아니라
승자도 패자도 아닌
살아남은 자로 회고에 가깝게

교회 마당 시이소 주변을
맴돌던 코 흘리게들 잊었노라
밤하늘 별 가득 마음에 내리고
그들과 미래를 열었노라

세상 것 놓치면 안될 듯
주위를 돌볼 시간도 없이
매달리고 흠뻑 빠져지내
얻은 것 이것이었노라 말하지만

열매 맺지 못할 즈음
곁을 떠나 돌아오지 않을 곳
먼저 가 있다는 말에
감은 눈 속에 내 그림 그렸노라

분노, 격정, 자만
그 흔적은 물 흐르듯 떠내려가고

닳고 닳은 거추장스런 돌들도
살며시 감춘 미소로 세상에 보였노라

나를 벗으면

긴 세월을 살았네
짧은 시간이라 말하네

두꺼운 껍질 벗기고 있네
무거운 육신 줄이고 있네

욕심 덩어리 머리여

기억은 우리를 배반하고
착각은 생을 행복으로 이끈다 말하네

빛 속 먼지처럼 보일테니
나를 속이지 마라네

두뇌 세포들이여

나비 같이 날아보라네
구름 위 저 세상 그 무엇이 있다 하네

길지도 않은 영원
짧지도 않은 영원

시월의 날

물오른 새싹
산만하게 흩어진 꽃씨
오월 상순 물끄러미 바라보았소
비정상적 돌연변이임을 지나칠 뻔 했소
각목으로 뒤통수 한 대 맞고
곰곰이 생각하다 고민에 빠졌소
모두가 죽음에 이르는 줄 알고
호들갑을 떨고 나몰라라 두 손 들 뻔 했소
자르고 떼어내고 악성부분을 제거하고
독하다는 물을 주면서
작열한 한여름 태양도
지루한 장마도
폭풍과 폭우를 동반한 태풍도
겨우겨우 빗겨나 하늘을 바라볼 수 있었소
꽃이 피어난 자리 상처투성이
민망하고 안쓰러워 눈을 감았소
이나마 행운이 있지 않았겠소
청명한 이 가을 그나마 위로하는가 보오
못된 씨들 독하게 혼내주었으니
좋은 영양으로 잘 관리하여
하늘이 준 그 날까지

좋은 모양새로 지내는 게 어떻겠소
희망의 끈을 놓지 말고
열정을 가져야 하지 않겠소

나는 살고 싶어요

 남쪽에서 힘센
고온다습한 공기가
도심 한복판을 점령한 일요일
지친 도심은 시들시들 졸고 있다

여행 작가들 따라
이 도시 저 도시 훑고 지나
기지개켜면 지워진 그림
가볼 날 미뤄진다

대서쯤, 사람들은 답답한 공기를 뚫고
도심을 떠나고 떠나려 조바심내고
주저앉아 갇힌 공기를 마시는 이들은
헛된 바람이 빨리 불기를 기다린다

느리게 느리게

경제활동을 중단하거나 최소화하고
일상을 벗어나
자연에 기대며 자연에 묻혀
기본적인 생활을 하면서 느리게 살아보자
발이 닿는 곳에서 붙들면 붙드는 대로
머물지 말라 하면 머물지 말고 떠나는 삶
눈높이를 오직 자연에만 맞추어 보자
단 하루라도 실천해 보자
곧 그것은 시작이다
느리게 지냄으로써
나이 속도만큼 빠르게 지나는 지금
여유로움 외에는 다른 게 필요하지 않다는 걸
알 것이다
빠르게 달려봐야
죽음에 이르는 시간을 재촉하는
촉매일 뿐이다
내 주위에 피해를 주지 않는 범위에서
주위에 기대어 살지 말자
모든 것 내려놓고
느리게 지내자
느림의 미학에 심취해 보자

비가 뭐길래

비가 뭐길래
산과 들
여름색으로
곤충들의 안식처
자연의 창문 시원스레 열어놓는다

비가 뭐길래
논과 밭
촉촉이 젖어
우렁이 지렁이의 자궁 속
싱싱함이 살아나 춤을 추고 있다

비가 뭐길래
마음 밭 적신
초록물
시심의 샘물
받아 적을 그릇 적어
어쩌나

휴식

바람을 만나러
산이 원하는 곳으로
가는 길이 가볍네

나무 등이 아파오면
바람은 나뭇잎을 모아
자리에 깔고 땅에 누워 기대라네

오래도록 벗삼아 갈거야
묵직하고 듬직한 산
끝없는 휴식을 받아주네

9월의 소리

헛것을 보고
헛방망이질 하고
헛소리 하면서
헛살았지 않았는가

모방의 소리
헛소리
입 닫고
삭아 발효되는 내면의 소리
귀기울여 듣네

짐 내리고
빈 몸으로 맞이할
허공
먼지되어 날라 하네
헛발길질 않으니 좋-네

찜통더위

이 더위를 이길 수 있나요
가마솥 찜통
밤낮 열섬
헉헉거리며 겨우 지낼 수 있어
고마워해야 하나요
분명 지구는 균형을 잃는 몸부림
어찌해야 하나요
어릴적 양철 지붕 펄펄 끓고
마당에 물뿌리며
샘물에 등목했던 시절
이런 날이 오려는 전조였나요
편리함에 중독돼
자연을 마구 할퀴고 찢고
딱딱한 공간으로 밀려난 사람들
앞날을 걱정이나 하나요
우리만 살다 갈 것 아닌데
더불어 함께 사는 길을
찾아야 하지 않나요
심각하게
고민해야 하지 않을까요

가발

굶주림을 벗어나고자
산업화의 첫 발걸음
시골 산골 아낙들의 긴머리
싹둑싹둑 잘라내어 밥알이 되고
구로공단 가발로 태어나
인기좋은 수출상품이었다지

살만한 형국
숱많고 윤기나는 머리
항암화학요법으로 민머리 되니
먼 나라 어느 처녀 머리카락 뒤집어쓰고
울먹이다 허탈한 웃음
세상 속으로
보란 듯이 나갈란다

잠시만 가려주면
세련된 모양새로
탈모는 죽음이 아니라 일시적 세대교체
암을 데리고 살며 다스릴 줄 알게 되면
가면같은 가발 벗어던지고
새로 난 내 머릿결

날리며
죽음을 데리고 사는
자연인이 되리라

아내를 위한 기도

눈을 뜨고 밝은 빛을 보면
인생은 다만 헛꿈인 것을
잠자는 영혼은 죽음과 다름없는 것이라고
죽음의 날갯짓
접었다 폈다 해도
사물의 외양만이 전부가 아닌 것이리니

실제적이고 진지한 것이
인생이라고 말하노니
우리의 무덤이 끝이라고는 말하지 말라
흙에서 시작한 육신이
흙으로 돌아간다는 말은
영혼을 향한 모욕의 함성이리니

향락과 비애도
인생길에서 걷우어들일 원소는 아니리니
나의 사랑하는 아내여!
병든 육신은 말라버린 잡초처럼
영겁 불길 속에 던져 살라버리고
그대의 새살 돋은 몸을
나의 불길한 믿음성 깔린 양팔위에

사려깊은 시간과 소망으로 올리려니
그대는 나의 정열의 연인, 아내이므로
오늘 이밤부터는
환상은 집어던져버리고
아름다운 단 한 번의 사랑의 키스로
다시 없을 아름다운 시간의 포로가 되기를

그게 인생이야C'est la vie

좁은 공간이
나의 생활
제자리를 찾아가는 세월
봄 가뭄이 장맛비를 기다림
갈라터지는 흙의 울부짖음
눈물조차 말라 뿌연 하늘 원망하네
용케도 반도의 서쪽만
한입 베어문 상처였으니 그나마 다행
귀할 것 같은 유기농 식물들은
척척 날아든다
그래서 살아갈 수 있는가
좁은 공간을 벗어나지 않아도
이게 길이면 가야하는 것인가
이 몸은 차라리 편안함을 얻고
머릿속은 허옇게 비어가니
이 세상 이 공간을 받아주는
이 영과 육에게 고개를 숙이노라
좁은 공간을 떠나는 게
세상을 비우는 것이라
술술 술 마시는 시간 타령이 아니었나
좁은 공간 일도

비워라 비워라 비워
그게 인생이야
인생은 여행이야

식물도 사랑을 나누네

구석진 곳에서
외로운 몇 년을 지내며
제대로 물 마시지 못하면서
해마다 봄이면 꽃을 피우다
아무도 모르게 홀로 지고 있었다

제 목 마르면 아우성치고
제 몸 생채기나면 울고불고
제 몸 속 암세포 퍼져가면
사생결단 내자고 독한 화학요법제로
잔디밭 제초제 뿌리듯 하고 있었다

지독한 가뭄 곧 이은 장맛비 폭우
쩔쩔매며 사시나무 떨듯 몸부림친다
몇 년 만에 화초를 밖으로 불러내
비도 같이 맞고 바람도 쐬고
이파리도 정성껏 닦아주고 사랑했다

너른 바다에 서 보라

망망대해 그리움
하얗고 파아란 빛
심장이 하늘인양 태양은
화살촉을 꽂는다

물을 가르는 기계음
갑판 위 왕복 달리는
심전도 소음에 맞춰
둔탁하게 들린다

목적지를 향한 하얀 물살
걸어가는 산길마냥 뒤돌아보면
어느새 사라지고
다시 이어진
앞으로 가야할 길

호흡

자세를 편하게
몸의 힘을 줄이고
배 하단에 모으며
호흡을 자연스레 깊이 하니
신경불이 꺼지고
무한 시간대에 들면 좋~겠다
가지고 온 육신 버리는 게
쉽고 간결하면 좋으~련만
머리에 든 0과1 두 숫자의 배열이
무한대이니 어쩌랴
또한 0과 1 사이에
끊어짐과 비어있음을 어찌할거냐
복잡하고 번거로운 수의 배열
엮이고 엮인 것 풀어헤쳐
한 줄로 세워 물 흐르듯 하려면
수십 년의 계단을 오르고 올라
수십 번의 에움길 거쳐
산 정상에 서고 또 섰다한들
날개를 펴 볼 수 있겠나
새 문명은 헌 문명을 짓밟고 군림하니
원시로 돌아가고자 몸부림 치누나

자연 파괴는 곧 인간 파멸이니
자연과 더불어 사는 지혜 얻기나 할까

이름모를 양란이 꽃피고

병문안 꽃
부인과 병동을 찾아가지 못하고
회복기의 집에서
웃음을 머금고 피어있다

잘록한 하얀 허리
둥그런 엉덩이 위에
노란 스카프 금목걸이
푸른 생머리 풀어헤치고 웃는다

두 번의 종양 제거
죽음의 문턱 돌아나와
고동치는 가슴을 달고
두 번 피는 꽃
눈코입 예쁜 옥돌 같은 얼굴
미소짓는다

마음의 산길

시간이 네게
산길을 여유로이 열어줘
관악역에서 팔봉에 서면
산 속에 든 이유를 안다
사당역으로 긴 능선을 거닐면
서울 도심은 화려한 더러운 악취로
짝을 이룬 산길
온화함과 여유로움의 포용력을 보여주던
많은 나무숲
그 여름이 그립다
바람길을 열어
어울림 사물에 생명을 살찌우고
하늘을 열어
보랏빛 광채를 날개로
별빛이 내려
꿈을 대지에 포장하니
생명은 죽음, 죽음은 다시 생명이려니
정상세포는 암세포와 동형이종
산길에서 산을 배우듯
마음을 다스리는 법을 배운다

마음 뿐이다

빠르다
무엇 하나 제대로 하지 못하면서 가는 시간
급류에 소용돌이 치면서
휩쓸려 떠밀려간다
몸의 호흡으로 안정을 찾는 시간 짧고
흔들리는 시간 길고 길 수밖에 없다
내 일 내 문제 아니면
객관적일 수밖에 없는 것
제 몸이 아파 괴로워하는 마음 상처 깊지만
내겐 애달픈 소리 가슴 한복판에 들린다
생과 사의 사잇길에서 방황하는 마음
위로하는 말은 서산에 걸터앉은 무지개 사다리일 뿐
언어의 마술도 신기루 같은 것
진정이었건 거짓이었건
그대를 사랑한다 속삭이고 있지만
그대는 나그네 같은 마음
죄스러운 안타까움에
그대와 나의 틈사이로 숨어버린다

실상과 허상

건물 옥상 정원
한켠엔 시멘트 바닥
두 공간이 나란히
이른 아침 공기를 핥고 있다

식물이 팔랑팔랑 춤추며
꽃핀 얼굴로 환하게 웃는다
나비와 벌은 사람을
흉내를 내었어도 자연이다

화분에 담겨진 인간의 욕심
인간의 게으름에 나약해진다
엉성엉성 잎사귀 매달려
그나마 존재의 의미을 알린다

자연 바람이 보드라운 숨결
육신과 정신이 너풀너풀 춤춘다
링겔을 꽂고 인조 바람 속 흐느적흐느적
안쓰런 곡예는 감옥이 따로 없다

바람이 스치는 여름밤

산자도 마시고
망자도 마시고

웃는 얼굴엔 슬픈 미소가 잠자고
우는 얼굴엔 깊은 우수가 잠잔다

살만한 밤바람 불고
가로수 등 가린 큰 나무 밑에 앉아

밤하늘에 먹빛인지 금빛인지 물어보다
혼례식을 상상하는 깊은 밤

저 멀리 구둣발바닥 닿는 소리
병동의 하얀 약품 냄새

인간이여

보도블록 사이
틈을 뚫고 허약한 몸집 내민 잡초
줄기차게 뻗어간다
뽑다가 끊긴 뿌리
질긴 생명으로 보란 듯
새끼치며 솟아오른다
화학물질에도 자라나는 생명의 잡초
자동차 매연 들이마시며
면역의 질서 엉클며
돌연변이로 되어간다
이른 아침
문안인사도 못하고
당신이 말한 말
남이 내게 한 말
노래한 것들에 대해
칭찬의 말인지 오욕의 말인지
못 본체 불안한 인간의 무리를 지나쳐갔다

관계

잔디밭 잡풀 뽑기
일주일이 멀다
집안 청소 걸레질
일주일이 짧다
여름이면 창문 열고
시원한 바람 맞이하려면
불청객 마냥 살포시
먼저 들어와 앉아 있다
가뭄에도 잔디 뿌리는
잘도 뻗어간다 잡초 키우며
사람이 싫어하는 줄 모르고
저희들은 애증을 가지고
끈적끈적한 관계를 맺는다

가뭄

절망의 땅
아귀 같은 입을 쩍 벌리고
갈증난 구애를 한다

못자리 떠나지도 못하고
누렇게 타들어가는 속
시커먼 동굴
땅을 파놓은 포크레인 원망한다

농부의 혈관 같이 갈라진 땅
태양의 흑점 덮어 가리고
타들어가던 가슴 쓸어내린다

숲길에서

숲이 걷고
구름이 달리고
그늘이 쉬면서

노란 들꽃 하나
벌 한 마리 입맞추고
나비는 허공에 날갯짓

텅빈 몸통
찾아낼까
가야할 곳

암적 생각

가벼워지기
태워버리기
암적 존재가 아니라
암이 실제로 없기를
희망 하면서
병리검사가 잘못되었기를
유리한 감상적 판단을 공상하면서

무거워지기
덜어내기
절개수술보다 불안정한 복강경수술
물혹 속 암세포가 터져 혈관을 타고
이미 다른 장기로 전이되지 않았나
염려하면서, 염려하면서
항암제 케모테라피* 부작용에
공포가 가슴을 질식시키네

비우기 하기
무거운 것 깃털같이 가볍게 털어내려면

---

* 케모테라피(chemotherapy): 항암화학약물요법

응어리진 부정적인 것에서
티끌만큼 작은 긍정적인 시작으로
반복하고, 반복해내어
새롭게 마음가짐 담아내는 것

자연과의 '놀이'를 통한 존재론적 인식과 시적 상상력

최명석(문예비평가)

고상영은 전라북도 익산의 황등에서 나고 자라났다. 4남 4녀중 3남으로 부모의 정성과 보살핌 속에서 자라났고, 살아가기 어려웠던 당시의 시대적인 상황에서도 형제들의 다복함은 그의 성정에 인간적 유대감과 타인에 대한 배려를 습득하는 환경의 토양이 되었을 것이란 짐작을 하게 한다. 또한 그가 태어나 자란 시골환경과 자연, 나무, 들풀, 강, 들판, 산 등과 같은 자연물은 더불어 공존해 나가는 삶의 지혜를 주었을 것이고, 그와 같은 자연의 존재자와의 '놀이'를 통해 고상영은 자연을 경험적으로 수용하며 자연에 순응하는 순정한 인간의 모습을 체현해 낼 수 있었을 것이다. 그가 산을 좋아하고 일상처럼 산에 오르는 것은 경험의 수용을 통해 축적된 자율적 질서이자 자기규율이며, 그것은 그의 투명하고 순수한 마음의 반영이자 정신의 산물이라는 점에 있어 시창작의 근원일

수 있다. 경험적 감성에서 얻어진 정신은 인간이 지닌 언어능력의 분화의 근거가 됨으로써, 이러한 내적 감각의 개체성은 언어작용과 사고에 내재하는 고유한 본질인 것이다.

고상영과 필자의 인연은 우연치 않은 우연이랄까, 몇몇 지인들과의 술자리에서 만난 세속의 술친구라 할 수 있는데, 동반 산행 후 이어진 술자리에서 취중에 아마 선뜻 시집을 내겠다면 시평을 써주겠다는 말을 했던 것으로 기억한다. 그러한 취중의 말은 산행의 횟수가 거듭되고 술자리가 이어지면서 필자에게는 압박감으로 다가왔고, 그 심리적 압박감은 구체성으로의 실천으로 이르게 된 것이다. 어찌되었건 취중 호기로 이어진 이 웃어버릴 수 없는 '참뜻으로' 필자는 고상영의 시를 읽게 된 것이다. 고상영의 시는 얼핏 보면 대개가 산을 주제로 한 산시라 할 수 있다. 그의 가장 큰 관심은 산이자, 산과의 '놀이' 이다. 개인적 동기가 무엇이든 산은 그에게 있어 우주이며, 자아이자, 인생으로 그려진다. 그에게 있어 그곳은 순리를 따라 살아가려는 지혜를 얻는 삶의 터전이기도하다. 철따라 모습을 달리하며 싹이 돋고, 꽃이 피고, 열매를 잉태하고, 황량한 겨울을 살아내도 다시 대지에는 봄이 오고, 삶과 죽음의 영원성을 되풀이 순환한다. 인간의 유한성과 자연의 순환의 영원성을 존재적으로 실증하는 존재자가 바로 산인 것이다. 그가 오른 산에서 그는 철저하리만큼 산이 되기를 자처한다.

　　고상영의 시집『산의 숨결 그 너머에』는 3부로 구성
되어 있다. 1부 "산의 연가"에서는 그가 오른 산을 주제
로 진솔한 산 이야기를 읊조린다. 즉자적 존재자인 산과
동일화함으로써 고상영은 산이 되거나, 산길이 되거나,
나무가 되거나, 산꽃이 되거나, 바람이 되거나, 구름이 되
거나, 바위가 되거나, 능선이 되거나, 산봉우리가 되거나,
계곡이 되거나 한다. 2부 "산의 숨결 그 너머엔"에서는
산과 산의 자연물을 대상화한 존재론적 인식을 넘어 정
신력의 가능성을 획득하며 삶의 제 조건들을 신선한 눈
으로 응시하는 태도에 한발 짝 더 다가서고, 오랫동안 친
숙하게 대면했던 것이 '새로운 것'으로 다양한 층의 통일
성으로 융합되어 나타나고 있다. 투박하게 언표 되는 자
연의 존재자들은 '내면적 간직함'의 의미를 획득 낸다는
점이 그의 시의 변용된 모습이다. 3부 "아내를 위한 기
도"에서는 아내에 대한 간절한 사랑과 소망을 담아내고
있다. 오랜 결혼생활로 인한 피로감, 어찌 기쁘고, 슬프고,
아쉽고, 원망스런 애증의 격랑이 없었겠는가. 각박한 현
실의 삶의 길목에서 황당하게 마주친 아내의 불운에 고
상영은 미안함과 안타까움의 절절한 심정을 고백한다.

　　고상영의 시에서 언어의 개념이 형성되는 과정을 면
면히 살펴보기에 앞서 우선 '사물'의 품위를 간직하는 물
자체, 즉 산을 시의 무대에 올려놓고 '놀이'라는 미학적
개념을 선택한 의미를 살펴보겠다. 근대미학과 인간학의
전반을 지배한 주관적 의미로부터 '놀이'의 개념을 분리
하여 예술적 경험과 연관해서 언급하는 '놀이'는 창작자

인 시인 내지 독자(관객)의 태도나 마음의 상태가 아니다. 놀이란 결코 놀이에서 작용하는 주관성의 자유가 아니라, 예술작품 자체의 존재방식을 의미한다. 미적 의식을 분석하면서 그 대상과의 대립관계는 당면한 문제 상황을 적절하게 다룰 수 없다는 사실을 알게 된다. '놀이' 하는 시인의 태도는 그것과 매개자로서의 태도, 또 그것과 동시에 '놀이' 자체와 구별될 수 있다는 점이다. 놀이하는 사람에게 놀이란 진지한 일이 아니며, 그러하기 때문에 '논다'고 말할 수 있다. 이러한 관점에서 '놀이'의 개념을 규정할 수 있다. 단순히 놀이에만 국한한 것은 진지한 것이 아니다. 놀이를 함은 놀이에만 그 목적이 있는 것이 아니라, 아리스토텔레스(Aristoteles)가 지적하듯[1], "기분전환을 위한" 것이다. 중요한 것은 '놀이를 함' 그 자체에는 독특하면서도 진지성이 존재한다는 것이다. 행동하고 염려하는 현존재를 규정하는 모든 목적 연관들은 놀이하는 태도에서 단순히 소멸해 버리는 것이 아니라, 독특한 방식으로 비켜나 있다. 놀이하는 시인은 놀이가 다만 놀이일 뿐이고, 자신은 목적의 진지성에 의해 규율화한 세계 안에 있다는 것을 알게 된다. 그러나 시인은 놀이를 하면서 이 진지성과의 관계를 스스로 계속해서 염두에 둔 것은 아니다. 놀이하는 시인이 놀이하는데 전적으로 몰두할 때에만, '놀이함'은 그 목적을 실현하게 되는 것이다. 놀이가 전적으로 놀이가 되게 하는 것은 놀이에서 벗어나 있는 진지성과의 관계가 아니라 오로지 놀이에서의

---

1) 아리스토텔레스(Aristoteles)의 『니코마코스 윤리학*Ethica Nicomachea*』, 제10장을 참조.

진지성이다. 놀이를 진지하게 받아들이지 않는 시인은 '놀이'를 망치는 사람이다.

놀이의 주체는 놀이하는 사람이 아니고, 놀이는 놀이하는 사람을 통해 단지 표현될 뿐이다. 이러한 사실은 여러 가지 낱말의 은유적 사용이 증거하며, 그러한 낱말이 최초에 속해있지 않은 응용 영역으로 전용되면, 그 낱말이 지닌 근원적 의미는 대조적으로 두드러지게 드러난다. 인간의 모든 표현활동은 그 가능성을 따르면, 그 누군가를 위한 표현활동이다. 이러한 가능성 자체를 고려한다는 것은 전반적인 예술의 놀이의 성격에서 볼 수 있는 특성중 하나이다. 고상영의 '놀이'의 공간은 그 자신만의 폐쇄된 공간일수 있지만, 그는 추상적 의미의 그 폐쇄된 공간의 벽을 언어행위의 표현으로 세상을 향해 허물어버린다.[2] 고상영은 자연과의 '놀이'를 통해 놀이가 놀이하는 자신을 놀이의 영역으로 끌어들여서 '놀이'의 정신으로 채우고 있다는 것을 인식한다. 놀이하는 자신에게 놀이는 자신을 능가하는 현실로서 경험된다. 그 자신에게 있어 '놀이'는 현실 자체로 '의미되는' 곳이기도 한 것이다. 그러므로 고상영에 있어 자연과의 '놀이'는 시의 언어에서의 형성체[3]이자 시적 상상력의 현실태[4]이다.

---

2) 카스너(Rudolf Kassner)의『수와 얼굴』, pp. 161-162 참조. 카스너는 '어린아이와 인형의 아주 기묘한 통일성과 이원성'이 제식(ritual) 행위에서처럼 '관객(독자)을 향해 언제나 열려있는' 제4의 벽이 없다는 것과 연관이 있음을 암시한다. 예술작품의 '놀이' 세계를 완결시켜주는 것은 바로 이 제4의 관객(독자)의 벽이라는 것이다.
3) 형성체란 인간이 놀이를 통해 진정한 예술적 세계에 도달하려는

　고상영의 시를 살펴보기로 하자. 그의 시집 1,2,3부를 앞서 간략하게 언급했지만, 1부의 "산의 연가"는 명명하는 것처럼 산길을 걷거나 산에 올라 산을 마주한 골몰함의 행위와 분리된 듯 보이는 순수한 현상으로서의 예측할 수 없는 즉흥성마저 띠는 의외성을 발견한다. 시「산에 가고 싶다」에서 고상영은 산에 가고 싶어 열망하는 자신을 투명하고 깨끗하고, 순수하게 포착해 내고 있다.

……………

산봉은
방금 샤워를 끝내고 마주 선
여인의 볼록 솟은 젖가슴처럼
투명하게 다가오더니
금빛 햇살이
나뭇잎 여백으로 내린 자리에서
열린 창공을 보고 싶다
나무가 통째로 내어준 잎 하나
길 위에 깔아놓고
반기듯 달려드는 벌레도 만나고 싶다.

시에서 보듯 고상영은 칭얼거리는 순진무구한 어린아이와 같은 놀이 개념을 통해 시적 상상력을 확대한다. "여

전환을 말하는 것인데, 이러한 전환에 의해 놀이는 이념성을 획득하며, 그 자체로 의미되며 이해될 수 있다는 것이다.
4) 여기서 말하는 현실태는 시가 태어나는 에네르지아(energeia), 즉 놀이 활동을 통해 발산되는 시 에너지(energy)라고 정의하겠다.

인의 볼록 솟은 젖가슴"은 성숙한 여인의 정념의 상징이
기도 하지만, 다른 한편 그가 어릴 적 어머니의 젖꼭지를
빨며 기억을 간직해둔 어머니의 젖가슴이기도 하다. 영
원한 여인에 대한 그리움의 원형은 무의식에 갇혀있는
어머니의 존재가 아니던가.

　또한 그는 상상으로의 산에 올라 존재자들과 일체를
이뤄냄으로써 자연물과 같은 존재자로서의 변화의 과정
을 완결하는 것이다. 고상영은 더 이상 세상의 현실계에
머물러있는 것이 아니라 다른 것으로의 이행, 형성체로
의 변화를 완결함으로 지금 바로 여기에 존재하는 것, 그
가 산에 올라 "햇살"과 "나뭇잎"과 "창공"과 "벌레"들과
동일한 대등한 놀이는 곧 '표현되는 것'이며, 지속적으로
'참된 것'이라는 의미이다. 시인의 변화란 참된 것으로의
변화이어야 한다. 변화란 마치 마법에 걸린 것을 원래대
로 풀어주는 구원의 주문을 기다리는 의미에서의 마법이
아니라, 그 자체가 참된 존재로의 구원이며, 원상대로의
복귀이다. 고상영은 "반기듯 달려드는 벌레"와도 만나는
본질적인 것에 주목한다. 시인의 역할이란 표현되지 않
으면 계속해서 숨겨진 채 은폐될 것을 표현을 통해 끌어
내어 세상에 드러내는 것이다.

　2부 "산의 숨결 그 너머엔"은 산이라는 놀이의 공간
을 통해 정신활동의 원천을 나타내 보여준다. 언어의 개
념을 좀 더 자연스럽게 형성하고, 우발적인 관계들 속에
서도 지속적인 연관관계를 유지하려는 자세를 엿볼 수
있다. 또한 모방의 개념, 즉 미메시스(mimesis)를 토대로

한 시적 상상력의 구현은 마치 고대인들의 예술 영역인 신적인 것들을 표현한 춤의 놀이를 연상시켜 주기도 한다. 고상영은 「1월」이라는 시에서 음악적이며 율동적인 춤을 연상시키는 모방의 근원적 관계에 주목한다. 이 시에서 표방하는 1월이라는 상징적 숫자가 지니는 이어짐과 끊김의 간격 속에서 인식의 의미를 주목할 수 있을 때 비로소 '놀이' 개념을 통한 시(예술)를 말할 수 있다. 시인이 어떤 사물을 모방하는 것은 인식한 것과 그가 인식한 방법을 현존하게 하는 것이다. 마치 어린아이가 자신이 아는 것을 확인하고, 그 자신이 확인함으로써 모방하면서 놀이를 시작하듯이 말이다. 아리스토텔레스가 『시학 *Poetics*』5)에서 원용하듯이, 어린아이가 변장을 즐기는 것도 그 배후를 알아맞히고 식별하게 하기 위해 자신을 숨기고 가장하려는 것이 아니라, 단지 표현된 것에 지나지 않는 하나의 표현 행위이다. 어린 아이는 결코 변장의 배후가 발각되기를 원하지 않는다. 어린아이가 표현하는 것은 그대로 존재해야하며, 무엇인가가 드러나야 한다면, 그것은 변장으로 표현된 것이다. 변장되어 있는 것이 무엇 '....이라는' 것은 재인식되어야한다는 것이다. 그렇다면 고상영의 시 「1월」을 살펴보자.

혹독하게 추운 계절
세수하러 샘물가에 서면
우물 안의 김 하얀 수염으로 오른다

---

5) 아리스토텔레스(Aristoteles)가 『시학』 4에서 "그림을 보고 쾌감을 느끼는 것은 그것을 봄으로써 인식하기 때문이다"라고 했다.

두레박 속엔 얼음이 둥둥
줄을 당기면 손은 쩍쩍
빠끔히 내민 얼굴
고양이 발짓으로 물 묻히고
방으로 뛰어들면
문고리
방으로 덩달아 뛰어든다
뚫어진 문구멍을
창호지 한 장으로 덮는
문풍지 소리
1월 바람 신이 나서 내는 소리
멋을 부린 단풍잎 창호지 사이에서
겨울 빛 밤낮으로 유희하고

인간의 유한한 정신은 불완전한 것이다. 불완전성을 지닌 인간이기에 인간의 사고는 우발적이다. 이와 같은 우발적인 계기들을 추적해 나가다 보면, 혹독하게 추운 겨울 샘물가를 찾아 나선 고상영의 사물에 대한 인식은 기발하다. 존재론적 인식을 근거로 한 그의 언표행위는 자연스런 개념형성을 도출하며 새로운 개념을 넘어 상상의 세계로 도약한다. 또한 고상영이 말하는, 말의 보편적 의미는 사물에 대한 직관의 특수성을 달리해서 사고함으로써 자신이 위치한 상황에 관여하게 만든다. "우물 속의 하얀 수염과 두레박의 줄이나, 고양이 발짓이나, 문고리가 방안으로 뛰어드는" 유희적 동작들은 불규칙한 인간 정신의 불완전성에 근거한 우발성이다. 다시 바람과 만

난 창호지, 그리고 죽은 듯 살아 있는 단풍잎은 마치 고
대인들의 밤의 축제처럼 겨울밤의 절정인 것이다.

　3부 "아내를 위한 기도"는 의미하는바 대로 아내에
대한 간절한 사랑과 소망을 담아내고 있다. 뜻하지 않는
불운이 아내에게 닥쳐왔던 시간 속에서, 고상영은 번민
하고 괴로워하며, 안타까움과 미안함에 자책의 시간을
보냈을 것이다. 현실의 모순의 기대 속에서 그가 기대하
고 있는 것들이 실현될 수 없을 것이란 두려움에 얼마나
허탈하고 허망해 했을까하고 생각해 본다. 현실이란 소
망스럽든 두렵든 간에 언제나 결정되지 않은 미래의 지
평 위에 서 있다. 미결정성의 미래의 시간 앞에서 인간은
너나할 것 없이 실현 불가능할지 모르는 기대를 바라보
며 살아간다. 현실은 언제나 그러하다. 미래의 미결정성
이 그러한 기대들의 과잉을 허용함으로써 현실은 필연적
으로 그 기대를 다 채울 수가 없는 것이다. 만약에 현실
의 기대들의 연관성이 특수한 경우에 있어 충족되어 실
현된다면, 그러한 현실은 그 자체가 하나의 연극과도 같
은 것이 될 것이다. 고상영은 다행스럽게도 불안한 기대
의 일정부분을 완결지은 듯하다. 그런 의미에서 필자는
고상영의 경우 연극과도 같이 현실 전체의 의미를 실현
된 하나의 완결 의미로 귀결 지을 수 있기를 기대한다.
고상영의 영혼의 고통이 얼마만큼 이었는지, 또한 아내
에 대한 깊어진 사랑과 유한한 시간 속에서의 사랑의 열
정에 대한 희구가 얼마나 간절한가를 드러내준 시 「아내
를 위한 기도」를 살펴보면서, 고상영의 첫 번째 시집 『산

의 숨결 그 너머에』의 출간을 진심으로 축하한다. 아울러
첫 시집을 계기로 활발한 시작활동을 기대하며, 그의 시
가 일층 견고해지고, 다양한 세상을 향해 지양의 의미를
성취할 수 있기를 바라마지 않는다. 비록 그것이 듣거나,
보거나, 읽는 이들이 없다하더라도 본질적으로는 누군가
를 위해 존재하는 자신 만의 시세계를 이뤄나가기를 기
대하는 마음이다.

눈을 뜨고 밝은 빛을 보면
인생은 다만 헛꿈인 것을
잠자는 영혼은 죽음과 다름없는 것이라고
죽음의 날개 짓
접었다 폈다 해도
사물의 외양만이 전부가 아닌 것이리니

실제적이고 진지한 것이
인생이라고 말하노니
우리의 무덤이 끝이라고는 말하지 말라
흙에서 시작한 육신은
흙으로 돌아간다는 말은
영혼을 향한 모욕의 함성이리니

향락과 비애도
인생길에서 거둬들일 들일 원소는 아니리니
나의 사랑하는 아내여!
병든 육신은 말라버린 잡초처럼

영겁 불길 속에 던져 살라버리고
그대의 새살 돋은 몸을
나의 불길한 믿음성 깔린 양팔위에
사려 깊은 시간과 소망으로 올리려니
그대는 나의 정열의 연인, 아내이므로
오늘 이 밤부터는
환상은 집어던져버리고
아름다운 단 한 번의 사랑의 키스로
다시없을 아름다운 시간의 포로가 되기를